シェフの見る夢

渡邉昌雄

幻冬舎ルネッサンス新書
267

まえがき

味をみるとは

「涙とともにパンを食べた者にしか人生の味はわからない」

たしか、これはゲーテの言葉でしたか。

人生の味、味をみる、味わう、味方という表現もありますね。味方、同じ仲間、同じ感じ方をする人ということでしょうか。味があるとか味気ないとも言います。今はあまり受けないかも知れませんが苦味ばしったというのは男性に対するホメ言葉ですよね。

「味」とはそもそも何で、「味」を見るとはどういうことでしょうか。

僕は料理人として多くの国のさまざまなキッチンで働いてきました。毎日毎日「味」という言葉を使って仕事をしてきたわけです。商品としてお客様にお出しする料理の味についての話が一番多いのです。味が薄いの足りないのから、反対に濃い、キツすぎるなど、毎日、味を見ることが一番の仕事となっています。

味という言葉には次のような使い方もありますね。舞台はとあるホテルの調理場としておきましょうか。食堂からキッチンにサービススタッフが料理のお皿を持って戻ってきます。そして、

「お客様がもう少し焼いてほしいとお望みです」

牛肉でも仔羊でも鴨のローストでも、もう少し焼いてほしいというご希望はよくあることでそれは別にクレームというわけでもありません。好みの問題ですから。ここでは牛ステーキとしておきましょうか。さて、その場にいたベテランのAさん。はいよ！　と一言、

「ホラ、持ってって！」

フライパンでお肉をジャーッと焼いてお皿にステーキを戻して一丁上がり。

すると、

「なんだアイツ、味気ない仕事しやがって」

と料理長がつぶやくことでしょう。

一方で、別の機会に立ち会った新人のBくん。お客様から戻ってきたステーキをフライパンで再加熱するところは同じですが、一回り小さなお皿を温め、付け合わせのポテトや

野菜を器用に盛り直し、火を通したステーキの上に、新たに温め直したソースをかけてサービススタッフへ渡します。「あの小僧、味なコトやるな」と料理長も満足そうです。

味のある仕事と味気ない仕事、味のある料理長、味のあるリーダーとは、味とは、どのようなモノでしょう。

L'essentiel est invisible pour les yeux.

僕が個人的に、日本の人々が一番よく知っている、または使っているのではないかと思ってるフランス語の文章です。「本質は二つのひとみでは　見ることはできない」とでも訳しましょうか。日本語はおおらかですから「大事なものは目に見えない」とか「大切なことは見ることができない」みたいな使い方が多いですよね。そうです、サン＝テグジュペリの『星の王子さま』のなかで賢者きつねが王子さまに語る言葉の一節です。たしか「心で見るんだ」と続くはずです。

味のある仕事、味のあるリーダー、味なサバき、そして仕事の醍醐味とは……味とは、見ることのできないものでしょうか？

日本、アフリカ、ヨーロッパといろんな国のいろんなキッチンでいろんな国籍の仲間と過ごした日々を思いかえしながら、また、味気ない結末とならぬよう、味という言葉を追って本書を進めていこうと思います。

僕はこんな料理を作ってきた

今、僕は東京は日本橋コレド室町1の「ビストロ石川亭」で料理長を務めています。毎朝、始発の田園都市線で出勤するのがちょうど午前6時、それからランチ営業の準備を進め夜10時のL.O、そしてキッチンの片付けをして、自宅へ帰るという日々を過ごしています。

10代の終わりに福岡から上京し、千代田区のホテルの洋食調理場で働き始めました。25歳で初めて海を渡り、「クーデターの巣」と呼ばれた西アフリカで3年と3カ月。その後、スイス、フランスと修業を続け、パリの日本大使館・公邸でフランス料理担当のシェフを務め帰国したのが38歳、２０００年の時のことです。

それからハウスウェディングで一世を風靡した株式会社テイクアンドギヴ・ニーズ（T

&Gニーズ)、破格の安さと、立って食事をするという「俺のフレンチ」、株式会社ニュートンでは、カラオケレストランだけではなく、伊豆高原の「クラブメッド」を模したリゾートホテルで夏のシーズンを過ごしたり、また、際コーポレーション株式会社では、丸ビルでフレンチとベトナムのフュージョンレストランのシェフを務めたり、といういろいろな舞台を踏ませていただきました。

2004年より6年ほど千代田区の麹町で、小さなフレンチレストランを経営したこともあり、料理を作るだけではない、幅広い考えを持つこともできました。

早朝からディナータイムの終わりまで、いまだにバリバリ仕事できるのも、何も知らない素人の自分を現場で一から教えてくれた諸先輩方、国籍だけで70を超える仕事仲間、そしてフランス料理を愛する多くのお客様のお陰だと、感謝してもしきれない思いです。

実のところ僕は、専門学校はおろか高校すら出ていないパチンコ店出身の非エリートのたたき上げで、ただ何となくこの世界に飛び込みました。それも、フランス料理一筋の料理人人生というわけではなく、西アフリカの大使公邸では見よう見まねで和食を作ったり、公邸の庭でのガーデンパーティーでは天プラや焼き鳥を用意したり、都内の飲食会社では、系列店の寿司屋、焼き鳥屋、焼き肉屋さんを手伝うなど、幅広い調理場の現場で学びながら、素人からどうにか料理長へのスゴロクを上がってきました。

初めてプロの調理場に足を踏み入れたのは高一の夏。近所のラーメン屋さんで、一緒に働くパートのおばさん方から「アンタ、初めて米ばとぐたいネ」と笑われて米のとぎ方を教わったのが僕の料理人の第一歩。

フランスの名門三ツ星店ではソーシエ（肉を焼いたり、ソースを作る花形部署）を務めたり、パリの大使館でフランス料理のシェフを務めたりとどちらかというと正統的なフランス料理を一番よく作ってきましたが、ロイヤルホスト九大前店などファミレスではパートのおばさま方と楽しくワイドショーの話で盛り上がったり、歌舞伎町のホスト看板近くの深夜の焼き鳥屋さんでは自分たちの食べた食器を片付けてくれるようなかわいらしいキャバ嬢さんたちと夜中に働くもの同士の連帯感を感じたりしました。始まりは何となくだったものの、本当にいろいろな経験をしてきたのです。

「いいかい、マサオ。味が薄いとか塩が足りないとかちょっと強いとか皆好みが違うからそれはそれでいいんだ。だけど温かいものを温かく、冷たいものを冷たく、それが我々料理人の良心なんだ」と僕はフランス修業時代にそのように教わってきました。プロの料理人である以上、もろもろの制約はあります。アマチュアではありませんからね。それでも、なるべく美味しい、そして季節に合わせた料理を作りたい。そして、温かいものを温かく、冷たいものを冷たくお客様に提供するところにはこだわって料理を作っていきたいと思っています。

この本を読んで、若き料理人、調理・製菓学校の生徒さんをはじめ技術職に進む多くの方々に、腕さえあれば世界で戦うことができる、という職人世界の素晴らしさを知ってもらえればと思います。さらに、フランス料理、フランス語、フランス文化に興味を持っている人達にも楽しく読んでいただき、少しでもフランス料理を身近に感じていただいて、ちょっとフランス家庭料理や郷土料理をビストロに食べに行ってみようと思ってもらえれば、と願っています。

シェフの見る夢

目次

第一章　修業時代

料理人を目指すきっかけ

今でこそ一人前のシェフ（？）としてキッチンで大きな顔をしている僕ですが、料理人、それもフランス料理の道へ進んだのはどのような理由なのでしょうか？

そしてどのような教育を受けて今にいたったのか、今までの道程を振り返ってみたいと思います。

僕の実家は南福岡で曽祖父から続く鉄工所。今は僕の弟が継いでいます。親戚を見回しても飲食業どころか小売業をやっている人すらいなくて、子ども時代に料理人になりたいとは一度も考えたことがありませんでした。

ただ単に学校の勉強がイヤでイヤで、やってみたい職業も身に付けたい技能もないまま、早く働きたいとばかり考えていて、高校には進んだものの、学校に行くふりをして、無免許でバイクに乗ってどこかへ遊びに行くような毎日を続けていました。最初に通っていた高校を退学になり、２校目の高校でも生活主任の先生方からマークされ、窮屈な思いを味わっていたところ、バイトしていたラーメン屋さんに新しく来た職人さんから「そんなに窮屈やったら家を出たらよかばい、どげんかなるばい」と言われました。まだ子どもだったのですね、その一言であっさり感化されて、どうにかなるだろう、と福岡の繁華街で働き出したのがこの世界への第一歩ですから、夢も希望もないスタートでした。

（もっとも、その職人さんは、お店に住み込むのをいいことに、夜中にお店のビールを飲みほしてしまうような、劇画に出てくるようなあまり褒められない職人さんだったのですが）

福岡だけなのか、九州だけなのか、それとも地方都市には多いのか、福岡の繁華街、天神の一角に、いくつもの○○会館というパチンコ店のビルがありました。今はどうなっているか分かりませんが、1階がパチンコ、2階が深夜レストラン（パブレストランと呼んでいました）、3階が会議室、4階がマージャン屋、5階が役員室、総務、従業員食堂で、6,7階が住み込みの従業員寮でした。そこのレストランや会議室で働くうちに、調理場の連中と飲みに行くようになり、何となく、「コックさんもいいかな」と思うようになってこの道へ進んだわけで、何とも頼りない職業選択です。今だと料理の専門学校へ通ったり、フランスやイタリアで実習したりする方も多いそうですが、僕の場合は「どうせやるなら東京かな?」と、知り合いの紹介で千代田区のホテルへ入れてもらうことになりました。

第一歩は霞友会館

そのホテルとは、千代田区三番地の「ホテル霞友会館」。〝本社〟と呼ばれるホテルオークラから出向の先輩方が、料理人をはじめ7～8名いて、その下に見習いのアルバイトが、一番下っぱの僕を入れて4、5人。

諸先輩方から見れば、博多弁丸出しでボーッと突っ立っているような男の子が来たな、ぐらいなもので、最初にいただいた休日の翌日に「オイ、ナベ。昨日何やってたんだい？」と問われて、「渋谷でハチ公ば見てきました」と答えて笑われる始末。

生まれて初めて口にしたフォンドヴォーや、フュメドポワソンなどのフランス料理の出汁が口に合わず、それどころか九州の甘ったるい醤油で育ったせいか、従業員食堂の味付けもみそ汁もツンツンする。そして最寄りの「三軒茶屋駅」からの地下鉄の混雑ぶりに、乗りたくても乗れなくて、朝の出勤にずいぶん時間がかかったことを思い出します。

ただ、「何も知らない」というところが良かったのかな、と思います。

とりあえず言われた通り言われた通り、器用じゃないどころか何も気がきかないので、本を読め、と言われたら本を読む。フランス語を勉強しろと言われたら勉強する、とただもう言われた通り。

働き始めた最初の何年かは休みの日もやることがないので、朝、パーティーの盛り込みなどをよく手伝っていました。

毎日怒られてばかりの仕事漬けの日々で、スタッフ用の宿泊室に泊まりこむ。毎晩夢の中でも仕事をしていたので、いつも朝、目が覚めると夢と現実の区別がつかなくなっていて、一度夢の中で盛り付けたパーティーの料理をまた現実で盛り付けたり、婚礼用のメロンをもう一度切ったり、そんな毎日でした。

今だから分かるのですが、フランス料理というよりは西洋料理であり、当時のホテルオークラの宿泊客のバランスもあるのでしょうがアメリカ料理の影響が大きくて、ローストビーフや七面鳥、皮つきジャガイモのオーブン焼きやスモークサーモン、シュリンプカクテル、青色のメロンなんかが婚礼料理の定番に入っていました。

その頃はまだ日本とフランスの距離が遠かったのは間違いありません。

１９６０年代に二人のジャーナリスト、アンリ・ゴーとクリスチャン・ミヨーが唱えた「ヌーベル・キュイジーヌ」運動がよく分からなくて、ある日宴会の前菜に「オマールのエビの温かいサラダ、アボカド添え」という料理が、一度だけだったか出たことがありました（お客様のご希望だったのでしょうか？　アボカドやキウイなどを使用するのがヌーベル・キュイジーヌ、みたいな風潮だったのです）。正直なところ、文献は目にするものの、実際にどうやって作っているのか？　細部までは誰も知りません。

その「温かいサラダ（Salade tiede）」、フランス語では「なま温かい、なまぬるい」となるので、その盛り付けの最中に僕の敬愛するAさんが「ムッシュ！　サラド、ティエドですから、サラダも温めたほうが良いと思いますが」と言い出して、その頃はまだアメリカ人の好きなパリパリした玉レタスとサニーレタスだけのサラダをドレッシングで和えて、大きなボールごとウォーマーにほうりこんで、サラダをわざわざ温めてから、お皿に盛り付けていました。

フランスのビストロやブラッスリーカフェで、冷たい（というか普通の）サラダの上に、炒めたベーコンや砂肝のコンフィ、ポーチドエッグをのせて出すなど昔からやっていることなのですが、どうしても、フランスでこんな料理が流行っている、という情報の方に振り回されて、試行錯誤の毎日でもありました。

ちなみにA氏は後年、プラハで行われた「世界料理オリンピック」の日本チームの一員に選ばれたり、ホテルオークラから抜擢されてロンドンのサヴォイ・ホテルへ研修に行かれるなど、とても優秀な料理人さんの一人です。

当時はシェフと呼ぶべき料理長を、日本のホテルの調理場では「ムッシュ」という尊称を使っていました。その頃、僕らには実感がなかったものの、世の中はバブルに向かう時代。

フランス帰り、巨匠○○の弟子と呼ばれるその巨匠のスペシャリテを売りものにする高級フランス料理店があいついでオープンし、ホテルオークラの「ラ・ベル・エポック」では、毎年春先にジョエル・ロブション氏が料理フェアを行っていました。訪日の度に本国フランスから流れてくる「ミシュランガイドの星を取った」というニュース。このようなフランス料理熱に感化されたのか、いったい本場のフランス料理ってどんなものなのか、知りたくなりました。

フランスに行かないとフランス料理は分からないなと思い始めたのは、見習いから3、4年経った頃だと思います。朝食当番を増やしてもらい、仕事帰りに語学専門学校のアテネ・フランセに通っていても、仕事の疲れかつい睡魔に襲われ、ノートには斜めの線ばかり何本も書いているだけで、フランス語は全く上達しない。それでも、フランスに行く必要がある、と頑なに思っていました。

西アフリカ・クーデター街道へ

僕の勤務していた「ホテル霞友会館」は、霞という文字でピンと来る方もおられるかと思いますが、「外務精励会・運営ホテルオークラ」と書いてあり、外務省の仕事を多く承っていました。○局○課の食事であるとか、海外に赴任される大使の壮行レセプション（我々スタッフはそれを大使パーティーと呼んでいました）があり、当時北米局に勤務されておられました皇后のお父上、○大使のＯＥＣＤへの壮行会など毎月４、５件の大使パーティーを行っていました。フランス語使いで有名なＨ大使のロンドン親睦会には、留学時期がご一緒だった関係でしょう、現在の天皇陛下もご臨席されておられました。

さらに支配人のお兄様が外務省にお勤めで中南米の大使を務め、料理長のお兄様がお医者さんでマダガスカルの医務官を務めていたこともあり、やがて僕は大使館付きの料理人（公邸料理人といいます）にチャレンジしてみようかな、と思うようになりました。

さっそく料理長に相談してみますと、「ナベ、ちょっと調べてみろ」と一言。三番町からは毎日外務省を経由してホテルオークラまで、パンやアイスクリームなどの食材や、書類、備品の受け渡しでマイクロバスが出ていますので、それに乗せてもらって、当時は外務省別館内にある、募集元の国際交流サービス協会を訪れました。

担当は〇さん。まだ渡航課に移られて間もないと言われ、やっと「ストーブ前」（温かい料理の担当）って言葉が分かりましたよ、とおっしゃっていましたが、挨拶もそこそこに改まって聞かれたのは「東側でも行けますか？」。

今から考えれば、せっかくのチャンス、ハイと答えておくべきだったのかもしれませんが、東側は勘弁してもらい、今はアンケート用紙など、システムも整っていると思いますが、その頃は何もないなか、おそるおそる「フランスに行ってみたいのですが」と聞いてみると、あっさり、

「君のキャリアではちょっと（力不足）」

「フランスはフランス国内にいる人に募集するから」と言われ、ナルホドと納得した覚えがありますが、実際は、公邸料理人は大使、総領事が日本国内で見つけて契約するケースがほとんどで、僕のようなフランス現地採用のシェフのほうがレアケースです。

それからしばらくして〇さんから薦められたのが、カナダにある総領事館と、〝象牙海

岸共和国の大使館〟。〝象牙海岸〟という言葉の響きに、何となく風光明媚な〝白い砂浜と青い海〟をイメージした僕は、フランス語の国ということもあり、じゃあ面接をお願いしますと答えていました。

象牙海岸という美しい語感はありますが、お隣は奴隷海岸という不気味な地名。『地球の歩き方』どころか、日本語のガイドブックもなく、当たって砕けろ！　で面接に挑むことになりました。

さて、その大使夫妻との面接、こちらはそれなりに緊張して、夫妻の待つ面接のための部屋に入ったのですが、僕の顔を見るやいなや、大使の奥様が大声で「私、あなたの顔を見たことがあるわ」とおっしゃるではありませんか！　まぁたしかに霞友会館では、バザーの打ち合わせや何らかの催しものの途中に、外務省職員の奥様方が我々スタッフの休憩しているバックスペースにお見えになって、お茶やコーヒーのお代わりなどをお願いされることが度々ありましたので、何かで覚えていただいていたのか、僕のプロフィールを見てそう思われたのか分かりませんが、Y大使がとても驚いて「君たちは知り合いだったのか？」と、否定も肯定もできないまま面接は終了。「知り合いだから」と選ばれたわけではないと思いますが、採用となりました。面接から日本を出発するまでの期間は1カ月半あったでしょうか。

大急ぎで4畳半のアパートを引き払い、オークラの板前さんたちから選別でいただいた刺身包丁と、三軒茶屋の古本屋で買った1年分の『きょうの料理』、そしてフランス語の参考書をポケットに突っ込んで、成田、アンカレッジ経由でパリ、象牙海岸共和国アビジャンへと、〝クーデターの巣〟と言われる西アフリカに旅立ったのでした。

その後、僕が3年3カ月を過ごした西アフリカの「象牙海岸共和国」（現在は「コートジボワール共和国」で統一されています）。

この地に足を踏み入れたのは25歳の時でしたが、若い時に違う文化に触れることができて、とても良かったと思います。主たる宗教はイスラム教、公用語はフランス語になります。

部族も部族語も数多くありますが、いかんせん彼らには文字がありません。

僕は「象牙海岸共和国、自動車運転免許」を当地で取得しました。その免許でフランスを始め、西ヨーロッパで車に乗っていましたが、運転免許の試験はフランス語で、しかも

「パリからマルセイユへ行く途中リヨンで」というようなフランスの地名で書いてあり、さらに字を読めない国民が多いためか、筆記試験ではなく、数人ずつの口頭試験だったのです。分からない問題が出てきても、試験官が〝隣を見ろ！〟と合図してくれるので、隣のイボアリアン（コートジボワール人）のまねをしておけば、運転免許がもらえるというおおらかさでした。

初めてポルトドペーシュと呼ばれる魚市場に行った時は、もう腰が抜けそうになりました。ハエがブンブン飛び回るなか、学校に行っていない小さな子どもたちが、買い物のために荷物を持ちたいと何十人も僕を取り囲んで、〝パトロン〟〝パトロン〟とせがむのです。「アフリカの夜明け」と言われる60年代の独立以来、変わらぬ終身大統領、一党独裁ならぬ一党のみの政体。ただ、これは僕がアフリカにいた3年の間に、東ヨーロッパで大きな変革が起きた影響により、〝複数政党制〟となりました。

大使閣下の料理人

大使館勤務のシェフ、公邸料理人の仕事とはどのような内容でしょうか？

小倉和夫大使がベトナム大使を務めていた時の公邸料理人・西村ミツルさんは、『大使閣下の料理人』というコミックを発表されています。TVドラマでは料理人役を嵐の櫻井翔さん、大使の役を西田敏行さんが演じていました。「大使の料理人」といっても先進国の大公館から誰も知らないような総領事館まで、仕事の質も量もかなり違いがあります。

意外と思われる方もおられるでしょうが、学歴は全く関係ありません。

僕だけでなく、ジュネーヴの軍縮代表部公邸勤務時代にスイスが誇るジラルデで研修したという三國清三シェフは中卒。戦後日本で一番有名であろう帝国ホテルの村上信夫元料理長は、在ベルギー大使公邸料理人も務めましたが小学校しか出ていらっしゃいません。学歴よりは職歴、人柄や信用のほうが重視され、仕事に関してはズバリ知識より知恵。パリやベルギー、ジュネーヴのような流通の発達している都市の勤務地のほうがまれで、日本よりはるかに厳しい環境で、美味しい料理を作る能力が求められます。

パスポートは公用旅券、任期は2～3年とお考えください。

僕がお仕えしたY大使は、フランス料理の首都と呼ばれるリヨンでのリヨン大学研修時代に、ヴィエンヌの「ピラミッド」という名店でアルバイト（？）をしたというグルメで健啖家でした。昭和天皇のフランス語通訳も務めていたというフランス派の外交官でもありましたし、鴨の赤ワイン煮のような古典的な料理をお好みになり、勉強にもなりましたし、やりがいもありました。

多くの在外公館では公邸料理人一人で料理を作るので、我々洋食畑の料理人も和食や中華料理の心得が必要です。和食の方も、洋食の料理やデザートを作る機会がありますから、どちらかというと柔軟な考えの方のほうが向いています。

負けん気の強い大使だと、茶目っ気で、任国で韓国大使に韓国料理を、中国大使に中華料理を振る舞ったり。僕の霞友会館での上司にあたるKさんも、韓国で小倉大使から「竹取物語」をモチーフに料理を作るように言われて「大変なんだよ」とこぼしておられました。

ただ近年、日本人の応募者が減少し、その代わりにタイ人の料理人をアフリカや中近東に派遣している、という話を聞きます。お給料をもらって海外で料理の勉強ができるのですから、若い皆さんにはぜひともトライしてもらいたいものだと考えています。

象牙海岸共和国のアビジャンはギニア湾に面して、ラグーンと呼ばれる海場や漁港があるため、刺身に使える真鯛や、冷凍になりますが天プラに使用できる芝エビも手に入ります。海水温が高いため脂は乗っていませんが、魚やイカ、タコを一年中手に入れることができます。ヨーロッパ各国に輸出されるパイナップルやマンゴーの他、皮が緑の地元のオレンジ、色とりどりのズッキーニ、ナス、トマト、ピーマン等、夏野菜と呼ばれるものは一年中豊富でした。お米も、少し小石が混じっていますが、現地米の他にタイ米がスーパーで手に入ります。

プーレマラトン（マラソン鶏）と呼ばれる地鶏は硬くとも味が濃く、牛肉もフランスからシャロレーというブランド牛、フランス牛、そして現地の牛肉があります。象牙海岸の牛肉は二回りほど細いので、すぐに見分けがつきます。

イスラム教徒が多い国ですから、あまり豚肉は出回っていませんが、市内のスーパーマルシェにはヨーロッパ産のハムやソーセージも置いてあり、ハムやチーズは量り売りで買うことができました。

フランス人コミュニティーが強く、ヨーロッパからノルウェーサーモンや、仔羊、鴨肉等が空輸されており、当時から中国人が進出していましたから、日本風の小さなキュウリ（ヨーロッパのキュウリは日本の5倍の大きさです）や白菜、そして日本のホテルで焼いているような食パンもあって、食材に関しては恵まれている国のひとつだと思います。

もっとも、電気というものがそんなに行き渡っているわけではないので、魚は開いて炭で燻製され、地元民から山の幸と呼ばれているアグーチ（山ネズミ）も大きな扇形に広げられて、道端で炙って売られています。

料理人として、西アフリカの3年で一番良かったなと感じるのは、四季のありがたみを実感したことです。日本にいると、暦が変わると当たり前のように季節も変わっていきますが、赤道直下の西アフリカでいう季節とは「雨季」と「乾季」。ハルマッタンと呼ばれるサハラ砂漠から来る季節風の時期を含め、毎日毎日同じ時間に太陽が昇り、同じ時間に大地に沈む。たまに朝方、霧が出れば現地人スタッフが、〝ネージュ〟〝ネージュ〟（雪だ、雪だ）と喜ぶような常夏の国ですから。

フランスと同じようにボジョレー・ヌーヴォーのフェアもやりますし、同じ時期にはスーパーマーケットにシュークルートのコーナーなども用意されます。でも、蒸し暑く、独特な瘴気の中ではなかなか季節の料理を愛でるという心境にはなれないもの。年に一度回ってくる公用物資調達のための出張で、パリのブラスリーで清涼な空気のもとでシュークルートを味わう時に、料理はやはり季節と結びついているモノだ、と改めて深く感じることができました。

いまだに覚えている情景があります。大使公邸近くの幹線道路は夕闇から夜になると、道路の両脇に街灯が灯ります。いつの間にか、その街灯ひとつひとつの真下に若いイボワール人の青年が本を持って座り込み、読書をしているのか、勉強をしているのか。見渡す限り、全ての街灯の下に、若いイボワリアンが座っています。家に電気がないので、夜道を歩いて幹線道路まで出てきたのでしょう。国籍や肌の色は違っていても、学んだり本を読んだり、人間には知識欲というものがあると彼らに教えられた思いです。

日本にいると当たり前と思える、飲める水道水や、綺麗な空気、行き渡っている電気や季節の移ろい、そして安全すらも、ありがたい、貴重なものだと分かります。

僕が勤務した象牙海岸共和国をはじめ、いまだに多くの政情不安な国では、在留異邦人用の食材備蓄も仕事のひとつです。お米や缶詰、乾麺などはいざという時の籠城用に、公邸の食料庫に蓄えてありました。

日本の方は平和ボケでピンとこないかと思いますが、3年近く住んでいたアビジャン・ココディの日本大使公邸を僕がTVニュースで何年ぶりかで目にしたのは、内乱で孤立した当時の岡村善文大使がフランス軍のヘリコプター部隊に救出される場面でした。いまだに多くの国の公邸料理人さんが、各地で苦労されていることと思います。

コラム　ネオビストロとラ・フォル・ジュルネ

今、東京はビストロブームといわれています。ビストロ〇〇、ステーキビストロ、スペインビストロ、和ビストロや酒ビストロ、なんとフレンチビストロ！　というのもあるそうです。

そもそも、ビ・ス・ト・ロという不思議なニュアンスの言葉の起こり、起源をご存じでしょうか？

どこの国でも料理の始まりは村落、そして家庭のかまどでの煮炊き。貴族ならお館、庶民なら家の台所で、家庭料理こそ、その国の料理の最初の原形であることは間違いないところです。

1756年にオーストリア、ザルツブルクに生まれたアマデウス・モーツァルトが幼年時代から、ウィーン、ブリュッセル、パリ、ロンドンと演奏旅行を行っていたことは有名ですが、交通網の発達と共に、リヨンの旅籠屋(はたごや)のおかみさんのもてなしとその料理は、多くの旅行者が絶賛したといいます。

家庭料理から貴族の館、寺院教会の料理、そして旅籠屋、惣菜屋の料理、そして最後にフランス革命前後から「レストラン」「ビストロ」が誕生します。

時は1815年、場所はパリ・シャンゼリゼ。ワーテルローの戦いを終え、ナポレオンを追い、パリに入城したロシア皇帝の兵隊たちがカフェに入り、〈Bystro!〉〈Bystro!〉〈Vite〉〈Vite〉（Bystroはロシア語で、Viteはフランス語で「早くしろ！」の意）と、叫んだのが、ビストロの始まりという小話があります。

パリ最古のカフェと呼ばれる「プロコープ」の開店が1686年。初めて店内のキッチンで調理された料理を（店内で）お客様に召し上がっていただく（回りくどい表現ですが、今のレストランの原形）ブーランジェの店の開業が1765年。パリのグランレストランは革命のプレゼントと呼ばれるように、1789年のフランス革命における社会の大変革で、貴族の館から解放された、もしくは失業した腕利きの料理人たちが、パレ・ロワイヤル、パリ市内、そしてフランス全土へと、次から次へと「レストラン」＝飲食店を広げていったと伝えられています。

ラスコーの壁画には、先史人がリムーザン牛のローストビーフを味わっている姿が描かれているという美食家の国、フランス。そのうまし国フランスの長い長いフランス料理の歴史の中では「ビストロ」も「レストラン」と同じような、新しい社会インフラのひとつで、フランス辞書に「レストラトゥル」（レストラン経営者）が登場したのが1771年とか。このように、フランス語としては、「ビストロ」は「ビュッフェ」や「シャンベルタン」「シャトー・ディケム」よりも新参者であるといえます。

ちなみに僕のフランス修業時代、「ビュッフェ」の本場と呼ばれるリヨンやその近郊では、昔ながらの「ビュッフェ」（食器棚の段差の上）に前菜やサラダ、デザートが置いてあるレストランが数多くありました。

さて、パリ生まれの飲食店を指すそのビストロ、仏和辞典では居酒屋と紹介されていることも多いと思いますが、フランスには夕方になって赤提灯をつけてのれんを出すような居酒屋はなく、ビストロもあくまでレストランのひとつのスタイルです。あえてこのふたつを分ける基準は何かというと、レストランはほとんどプロの料理人の料理を作りますが、ビストロは本来パパママ店で、日本に置き換えれば、プロの板前さんが白衣を着て包丁を握っているのがレストランで、Tシャツやポロシャツを着たご夫婦でやっている定食屋さんがビストロに近いと思われます。

したがって、僕以降の世代は分かりませんが、僕と、僕ら以前の日本人の料理人の中にビストロで修業した人というのはいないと思います。

ところが、その棲み分けに変化を与えたのが１９８０年代後半にパリで活躍した三人のシェフ、ロスタン、サヴォアア、カーニャの三氏です。１９８７年にミッシェル・ロスタンが「ビストロ・ダコテ」をオープンしたのを皮切りに、ギィ・サヴォア氏の「ビストロ・ドゥレトワール」、ジャック・カーニャ氏の「ロテサリー・ダンファス」と彼らの星付きのレストランの近くに感じの良いビストロを次々にオープンさせたのです。

もちろん、この運動は彼らだけのものではなく、僕が修業したジョルジュ・ブラン氏はマコン市内でビストロを、また、ポール・ボキューズ氏もパリのビストロチェーンの料理の監修を務めるなど、星付きのシェフたちがパリのビストロにプロのキュイジニエ（料理人）を連れてくるようになりました。安くとも旬の食材を使う新しいビストロ料理はまたたく間に定着しました。当時僕はスイス、ジュネーヴで働いていましたが、休日の朝一番のＴＧＶ（高速鉄道）でパリに着くと、その足でサヴォア氏のビストロに行ったものです。予約もいりません。少し冷えたキャラフの赤ワインとマグロを炙った温かいニース風サラダ、仔牛の腸をトマトで煮こんでポーチドエッグを添えたものや、仔羊の首肉のナヴァランなど、おしゃれで美味しいビストロ料理を楽しませてもらいました。

1995年にフランス北西部ロワール地方の都市ナントで始まったのが音楽の祭典「ラ・フォル・ジュルネ」です。このフェスティバルは、「高尚なお勉強であって気軽に聴いて楽しめるものではない」という、クラシック音楽のイメージをひっくり返すために始まりました。今やフランスだけではなく、日本でも大きく発展しているように、世の中の流れは高尚なものから気軽なものに、お堅いものからリラックスしたものへと移りつつあると言えましょう。

それは、超一流料理人ジョエル・ロブションの変化からも感じ取ることができます。ジョエル・ロブション氏は、開業3年という最速でミシュランの三ツ星を獲得した、世紀の料理人の一人です。彼はその当時、自分のお店「ジャマン」に食べにくるお客様を評価して、「ほんの少しのフランス人しか（味覚を）見極めていません。せめて本当に味の分かるお客様が10％いたら、私は満足ですよ」と話されていました。僕もこの16区の「ジャマン」に食事に行った際には、生真面目な彼の性格が反映されているのか、サービスも料理も非の打ちどころはないものの、〝ずいぶん堅いな〟という印象でした。例えばメイン料理のジロール茸が小箱の爪ぐらいなのですが、すべて同じ大きさに揃えてあって、少し息苦しさを感じたほどです。そのロブション氏でさえ、晩年には「現代人はストレスが多すぎるので、リラックスして食事できる環境こそ大事だ」と語っているわけですから、時代の流れを感じることができます（もっとも、カウンター形式がリラックスできるのかどうかは分かりませんが）。

僕が海外での勤務を終え、日本へ帰ってきたのがちょうど2000年。それからでも日本のフランス料理もかなり変わりました。

僕が霞友会館のホテルで見習いコックをやっていた当時、土日に行われる結婚式とその披露宴では、新郎、新婦用に前もって一口大に切ったサンドイッチを用意していました（披露宴のさなかにお腹がすかないように）。披露宴会場でも、まるでクラシックコンサートのような荘厳たる雰囲気で行われ、それが日本のフランス料理のひとつのイメージを形作ったのでは？とも思われます。それが今は、新郎新婦が着ぐるみを来て、デザートビュッフェでケーキを切り分けるT&Gニーズのハウスウェディングや、立ち食いが売りの俺のフレンチなども市民権を得ています。さまざまな試行錯誤がある中、フランス料理は少しずつ身近な食事になったと思います。

フランス料理店は苦手でも、ビストロは大好き！

どのような形であっても、フランス料理愛好家が増えていただければ、僕らにとってもありがたいことだと思います。

第二章　めざせ！　フランス

「井の中の蛙」、さらなる大海を目指す

25歳で海を渡り、西アフリカの大使館で勤務した中でもうひとつの大きな経験は、外務省、財務省、警察庁などの公官庁の方や、メーカーや商社、文化人類学の先生や、各専門家の方々と身近にお付き合いできたことです。

当時の象牙海岸では、日本人は今より少なく、小さな子どもを入れても60人ぐらい。その頃のアフリカでは、交通整理のおまわりさんが任意に車を止めてはチップを巻き上げるような治安状況でした。少し遠出するのでも日本人同士、車を連ねて行動していましたので、10代の終わりから調理場の中でしか世間を知らない僕は、お話を聞くだけでも勉強になりました。

特に今もありがたく思い出すのは、当時の大使館で会計班長を務めていたTさんのことです。大使館スタッフが増員となり、どちらの大学か忘れましたが、一人専門調査員という形で、日本から若い学者さんが新たに大使館に赴任されてきたのですが、自分より後から来たから「後輩」だし、また歳も若いということで、つい名前を呼び捨てにして話していました。するとTさんに「渡邉さん、社会に出たら人を呼び捨てにしてはいけませんよ」と諭されました。「社会に出たら」が強く心に残っています。ありがたいことだな、

と思いました。それ以来、（日本語では）人を呼び捨てにしないよう心がけています。

今は改善されていると思うのですが、当時はアフリカに赴任していても日本に帰国できるほどの休暇はなくて、年に2週間ほどのヨーロッパへの休暇と、5日ほどの公用物資調達のパリ行き以外は、ずーっと一人で赤道直下の大使公邸にいるわけです。Y大使夫妻が日本などへの出張中は、アビジャンのホテルでベルギー人やフランス人シェフと共に研修とかにも行っていましたが、日本人の料理人は象牙海岸共和国内に僕一人。それはそれは心細いもので、隣国ガーナの公邸料理人さんとは、ギニア湾に停泊している日本の船会社（要するに漁師さん）に手紙を託して、どのような食材を使用しているのか、月に何回ぐらい食事会をやっているのかなど、細々と意見交換をしていました。郵便輸送も使っていましたが、手紙が届かないこともしばしばで、手紙には日付だけではなく、ナンバーも書いて文通を続けていました。

年に一度、2週間の夏季休暇は、まずパリに出て、パリからヨーロッパの都市を回りました。

オランダ・アムステルダムに遊びに行った時は、宿代を節約するためにホテルオークラのアムステルダムの友人の宿舎に泊めてもらったのですが、身体がアフリカ仕様になっているため、8月だというのに寒く感じて、朝なかなかベッドから離れられませんでした。

ユーレイルパス（周遊券）を使って旅をしながら考えるのは、アフリカの次はどうしようか……ということです。フランスの各都市には日本人のコックさんがいて、彼らと意見交換したりもしました。そのうちに、どうせ働くなら日本人が少ない所のほうが勉強になると考えて、ミシュランフランスに〝バーゼル〟と共に掲載されている〝ジュネーヴ〟で働いてみようと考えるようになり、アフリカの次は、ジュネーヴのインターコンチネンタル・ホテルへ進むことになりました。

ホテルインターコンチネンタル・ジュネーヴ

1991年の早春、フランス、スイスの双方に出入り口のあるジュネーヴ・コワントラン空港に降り立ちました。

レマン湖から空港に向かう途中、国連ヨーロッパ本部があるパレ・デ・ナシオンの傍らの高台に位置するホテルインターコンチネンタル・ジュネーヴ。イラクのクェート侵攻に端を発した湾岸危機の最終局面で、アメリカのベーカー国務長官とイラクのアジズ外相の大詰めの会談が行われた舞台でもあり、その当時はOPECなど大きな国際会議の際、サブマシンガンを持った警備の兵士たちが、我々スタッフ用の出入り口まで見守っているようなピリピリした空気が漂っていました。

メゾン・ド・ペルソネルと呼ばれる職員用住宅からホテルまで、歩いて15分ほど。公園の木々にはリスの姿、セントバーナードなど大きな犬を連れた人の散歩も多く、毎朝、スイスやフランスの山々を見ながらの出勤でした。

当時スイスの労働時間は週40時間制でしたが、一日の勤務は朝の9時から夜の11時まで。中休みはあるものの、日本よりディナータイムのスタートが遅いので、長く感じました。その代わり、週40時間を超した残業代は、僕が帰国した後わざわざ福岡の実家にまで電話があり、日本の銀行にまで振り込んでくれたので、そこは〝さすがスイスだな〟と思います。

さて、そのインターコンチネンタル、ヨーロッパの名門ホテルに多い横長の建物ではなく、縦長の24階建てで、一番上の24階は階ひとつまるまるスイートルームとなっています。ジュネーヴの迎賓館と位置付けられるホテルで、ブトロス・ガリ国連事務総長、ダイアナ妃、リビアのカダフィ大佐が同時に宿泊することもあるほど（どなたもレストランに降りてくることはなく、ルームサービスを使われますが）。そんな名門ホテルの調理場に入って一番驚いたのは、少人数で行う仕事のスピードです。

部屋数も違いますから一概に比較はできませんが、帝国ホテルやホテルオークラが毎日100人以上の調理スタッフで仕事をしている一方、ジュネーヴのインターコンチネンタルでは毎日十数人のスタッフで仕事を回すのですから、まさに目が回るような忙しさでした。シェフトミーと呼ばれる料理長のトーマス・バーン氏を先頭に三人のスーシェフ（副料理長）が手分けしてさばきます。最初僕が配属されたガルドマンジュ（冷製料理、前菜など）では、朝、全員小走りで宴会場横のキッチンへ向かい、その日の宴会料理の皿盛りのオードブルから大皿のサラダ、カナッペ、サンドイッチまで1～2時間で宴会料理を仕上げます。終わると、また全員でレストランキッチンに戻り、ガストロノミックレストラン、カフェレストラン、ルームサービスのランチタイムの準備へ。温野菜、スープ、付け合わせを担当するアントルメティエも、ガストロ担当一人にカフェ担当一人の、二人のみです。

グリヤード（グリル料理）は３６５日変わるプラドジュール（その日の料理）。その日の料理は、そのままホテル全スタッフの昼食となりますから、量も膨大です。

ソーシエも一人がレストラン準備に、もう一人が宴会の料理を。毎日たった二人しか出勤しないパティシエも皿盛りデザート、シャリオデザート、カフェレストランのビュッフェ用のデザート全てをこなしました。

仕事の多い部署には、４カ国語習得が義務ともいわれるローザンヌのホテル学校の研修生が手伝いに入りますが、それでも当時の日本のホテルの3分の1か、それ以下の人数にしかなりません。スイスのフランス語はゆっくりだ、という定説がありますが、仕事のスピードと慣れない早口のフランス語に、最初はついていくのがやっとでした。

総料理長のトミーさんはダブリン生まれのアイルランド人。英語、フランス語、ドイツ語を操り、アイドルタイムにはイタリアオペラを口ずさみ、ピアノを奏でる人です。

後年、僕がフランスの三ツ星レストラン「ジョルジュ・ブラン」にいた時、よくお目にかかった辻調理師専門学校フランス校のS校長が「トミーさんはタラン（才能）があるよねぇ」と評されていましたが、トミーシェフには大きな影響を受けました。子どものような研修生まで含めたキッチンスタッフ一人ひとりに対する心がけ、毎日、自分から各セクションを回って声をかける姿……。

日本だと料理長と見習いの立場が入れ替わっていて、見習い君が料理長の機嫌を伺うという、大人と子どもの立場が入れ替わっているようなケースも多いような気もします。

日本でもヨーロッパでも、最初の勤務地がホテルだったのは運が良かったと思います。ホテルにいたお陰で、大使館の仕事、朝食会であるとかお茶会などもまごつくことはありませんでしたし、スイスでもカフェレストランの日替わり料理が仔牛のタンドロン（骨付きバラ肉の煮こみ）だったりクスクスだったりと、高級フレンチでやらない日常的な単品料理を知ることができました。

外国のホテルは「無駄」がない

大手のホテルはどこでも同じかと思いますが、僕がいた頃のジュネーヴのインターコンチネンタルだと、社員の国籍だけで40ありました。一番少ないのは日本人である僕を含め、韓国、香港、マレーシアなどアジア諸国の一人ずつ、一番多い国籍はスイス、フランスを抑えて、洗い場掃除係やルームサービスの女性が多いポルトガル人で、毎年夏の初めにポルトガル行きの臨時の里帰り列車がジュネーヴ、コルナヴァン駅から出ていきました。

キッチンスタッフもフランス人、スイス人をはじめ、アイルランド、イギリス、ドイツ、ノルウェー、アメリカ、カナダ、エジプトと、その当時流行った言葉で言えば、真に多国籍軍です。


スタッフ用の食堂は我々のひとつ上、3階にありました。お客様用のカフェレストランと同じような配置で、お盆の上の前菜、サラダ、パン、チーズは取り放題。メインだけ、エレナさんというポルトガル人の女性が取り分けてくれます。

タイムカードとか食券とかがあるわけではありませんから、休日の前日にはエレナさんに「明日、僕休みだからブルーチーズ多めに用意しといて」とお願いして、休みの日のお昼時に、お腹いっぱい昼食を楽しみました。日本のホテルだと、そこはお堅いので難しいかもと思いますが。

エレナさんは朝出勤したらすぐにスタッフ食堂のサラダとその他の準備、そしてランチタイムが終わると、今度はカフェレストランのブッフェの盛り込みの手伝い、それからまた、スタッフ食堂の夕食の準備ですから、日本の大ホテルだと、何人ものスタッフがやっている仕事を一人でこなしていて、本当に人の配置に無駄がないなと感心します。

ジュネーヴは国際機関が多く、国際会議や展示会も多く行われますが、7月、8月は全く行われません。それで我々キッチン社員は、夏の間は強制的に月の半分ほど休日を取らされます。その代わり9月に入ると社員全員1カ月間一日も休みがないというフル回転で、通勤の途中に〝足がつる〟とか〝背中が痛い〟とか、これは国籍関係なく皆でぼやいていましたね。

まだ日本にはなかった真空調理器を使いながら、「こんなにドライなシフトは日本のホテルでは無理だろうなぁ」と思ったものです。たしかその2年後には横浜にインターコンチネンタルがオープンすることは決まっていたので、外資のホテルが日本に上陸したら、日本のホテルの料理場もずいぶん変わらざるを得ないだろうと思いました。

実は僕は南半球の国で働いたことはないので、それは心残りなのですが、西アフリカ、そしてフランスの隣国スイスで多国籍のスタッフと共にフランス料理を作る、というのは得がたい経験でした。お国柄も出ます。ドイツ人の料理人はとにかく仕事が堅いですね。盛り付けも綺麗だけど、遊びがないというか、そこはイタリア人、フランス人の料理人のほうが適当ながら、仕事の盛り付けも柔らかさを感じます。

一番面白みを感じたのは、アメリカ人の料理人。多分スイスのホテル協会の方で、受け入れの枠があるのだと思いますが、最初に出会った（仮に）O君はいつもニコニコ、たどたどしいフランス語で皆にとけこもうと冗談を言ったりして一生懸命。

その後に来たTくんは、たしかダラスかその辺りのインターコンチから来たと思いますが、〝絶対フランス語は覚えない〟と心に誓っているのが皆に分かるようなマイペースぶり。ランチ後の宿舎でブーツを脱ぐのが面倒なのか、靴をはいたままベッドで寝ている姿を思い出します。大統領選びの振り子の大きさと同じように、アメリカ人のダイナミズムを感じます。

僕はエジプト人のアリ君から本当のクスクスの作り方を教えてもらったり、シェフトミーにはアイリッシュ・シチューの作り方を教わったり、またトミーさんがよく歌っているオペラや歌劇のCDをもらったりもしました。仕事を始めた頃はフランス語も聞き取れなくて、失敗ばかりでしたが、半年ぐらいたてば、だいたい仕事の流れが見えてきて、「次はいよいよフランスだ！」と、新しい目標を得ることになりました。

三ツ星レストラン「ジョルジュ・ブラン」

次はいよいよフランス。３年間、季節のない西アフリカから狙っていた「ジョルジュ・ブラン」です。

数多くの星付きレストランの料理長が本を出されるなか、多くの料理書は、アミューズ、前菜、サラダ、スープ、野菜、魚、鶏、肉、ジビエ料理の後にデザートという章分けが多かったのに、ムッシュブランの本は春夏秋冬、または1月から12月まで、季節のリズムを大事にする物が多く、惹かれました。また、ジョルジュのお祖母様、エリザ・ブランが19世紀最高の料理人の一人と讃えられている等、歴史のあるお店でしたので、そこで修業してみたいなと思ったのです。

「星なし店は一ツ星を狙う、一ツ星は二ツ星を、二ツ星は三ツ星、じゃあ三ツ星は。三ツ星は（三ツ星以上なくとも）三ツ星以上を狙う」

それはフランスで働いている時、よく言われた言葉です。

星なしでも良いお店もありますが、三ツ星とは他と何が違うのでしょうか。

三ツ星はまず、システム、オーナー、料理長が人の配置をよく考えていて、また、スタッフの力量も厚みがあります。一ツ星店や星なし店だと、シェフやソーシエだけ優秀ということもありますし、食材が良くてもお客様が安定しない。三ツ星は、昼夜とも一週間前にはお客様の数が全て予約で決まっています（ちなみに「ジョルジュ・ブラン」では、一年先の同日から予約を取っています）。

大事なことは、基本。何よりも基本でしょう。付け合わせの野菜も昼なら昼の分、夜なら夜の分だけ、掃除して火を入れる。昼の栗を牛乳で煮て、栗のピューレを作る。夜にまた栗を煮て、栗のピューレを作る。作り置きをしない、ということですね。

ムッシュブランは常に調理場にいるわけではありませんが、カミナリが落ちるとしたら、例えばディナー用のカエルの股肉をディナーが始まる直前ではなく、早めに茹でて、下処理（骨からはずして、クリーム煮用に身だけにする）をするのが早すぎる時。カニの身をほぐしたり、カエルやムール貝を（温かい料理とはいえ）現場は、どうしても早めに終わらせようとしてしまいます。

もうひとつカミナリが落ちるとしたら、早めに料理を出し終わった部署が、発注業務とか片付けを始めているのを見つかった時です。メイン料理の盛り付けとか、今、一番忙しいところにヘルプへ行かされます。こういうところは本当にしっかりしています。

上司や料理長が、どこまで仕事の段取りを見ているか、どういうイメージで仕事を先取りするか、その目測力、判断力があると、キッチンはビシッと締まります。

こういうこともありました。晩秋の頃だと記憶していますが、当時「フォション」のシェフパティシエをしていたピエール・エルメと「コート・ドール」のベルナール・ロワゾーが「ジョルジュ・ブラン」に遊びに来られて、お客様用の食堂ではなく、ブランファミリーと食事をすることになったのです。ちょうどジビエの時季でもあり、その朝に、ムッシュブランがペルドロー（キジ科の鳥）の在庫を聞いて、ペルドローにしようと決めていました。その日の11時頃でしょうか、昼のスタッフ用に僕がジゴダニョー（仔羊の肉のロースト）を切り分けている時にムッシュブランが調理場にやって来て、一口二口つまみます。そして「このジゴどうだい？」と聞くので、「焼き具合も良いし、よく休ませているので、良い状態ですよ」と答えたところ「じゃあ、ペルドローはやめてこのジゴを二人に出そう」となりました。ランチの後キッチンに遊びに来たロワゾー氏に、僕も「今日の仔羊、どうでした？　僕が焼いたんですよ」と話しかけたものです。

このケースだけは、めずらしくムッシュブランにも褒められました。もちろんスタッフ用とはいえ、食材も良かったのですが、料理人の腕はともかく、ローストだったら必ず（焼いている時間ぐらいは）キチンと休ませて、その時間にジュ（焼き汁）を取る、そういう基本を、毎日毎日のスタッフ食であってもおろそかにしないということが大事だということです。

「ジョルジュ・ブラン」で働いていて一番感心したのは、トム・クルーズやアラブの王様がヘリコプターで食事に来ることでも、食材でも人材でもシステムでもありません。週に一度、お客様が手をつけなかったパンを袋に小分けして、僕たちキッチンスタッフが近所のうさぎ農家に配ることです。「おい、マサオ」と声をかけられ、だいたいディナーの終わりにフランス人スタッフと僕とで、夜のドライブです。フランスの田舎の夜道は真っ暗です、車が止まると僕が助手席から降りて走っていき、家の前で待っている農家のご主人にパンを渡します。

「ほーら、うさちゃん用だよ」

さすが代々続くオーベルジュだなぁ、と食のインフラの深さを思い知りました。

歴史の深みといえば、当時ムッシュブランはポール・ボキューズが創設した「Haut Cuisine Francaise」で、ピエール・トロアグロの後を引き継いで、3代目の会長を務めていました。

日本でいえば、高級料亭組合の重鎮というべき立場であるともいえます。その彼でさえ、この地域の飲食店のオーナーやシェフの寄り合いがあると、〝プティブラン〟(ブラン坊や、ブラン坊っちゃん)と呼ばれていましたから、日本の料亭と同じく、先代、先々代からの名声を受け継ぐのは、どの世界でも大変ですね。

僕がいた当時、後継ぎの長男フレデリックは同じ敷地内にある「アンシェンヌ・オーベルジュ」のシェフ、次男のアレクサンドルはスイスの名店「ジラルデ」で研修中。おかみさん、ムッシュブランの奥様ジャッククリーヌはお綺麗ですが、僕から見たら少し怖い存在でした。それにひきかえフレデリックの娶(めと)ったばかりの若おかみエリザは、控えめで、フランス人スタッフの評判は上々。この後、僕はこのブレス地方からパリへと向かうのですが、挨拶に伺うと、フレデリックは「いいなーパリ、シャンゼリゼ歩けるんでしょ」と、いかにもボンボンボンらしい一言なのに対して、エリザは社交辞令があるにしても「貴方がこの地方からいなくなるのは、さびしいわ」と、さすが、厳しいジャクリーヌが選んだ（かどうか分かりませんが）若おかみとして、しっかりしているなと思いました。

コラム　料理における〝遊び心〟

１０２年前のスペイン風邪と同じように、新型コロナウイルスの感染症もいつかは落ち着きます。

ペスト、エイズ、狂牛病（ＢＳＥ）も然り。社会が変化すれば、料理の世界も少しだけ変わると思います。ペストやエイズは僕にはよく分かりませんが、我が家の長男は狂牛病パニック下のフランス生まれですから、日本で献血はできませんし、僕が個人的に大好きな〝仔牛や仔羊の脳みそ〟料理を、メニューに載せることはもうできません。

１９９６年のリヨンサミットでは、バイオの農産物の開発をどこまで進めるべきかについて、前のめりの米国ビル・クリントン大統領と、人体への影響がまだ分からないとストップをかける仏独の首脳との対立がありました。

長い目で見た場合、どちらが正しいのでしょうか、気になるところです。

日本に輸入されている米国産の牛肉はたしかヨーロッパでは輸入禁止のはずですし、僕が小学校の時には毎月給食に出ていたクジラ肉も、もうあまり手に入りません。もし、中国の方が一斉にマグロの刺身を食べ始めたら、同じような運命になるかと思います。


調理機器も随分変わりました。文明の利器を使ってより良い、より美味しい料理を作ることは、プロとして、とても大事なことだと思います。

僕がこの料理界に入った最初の年末の大掃除、料理長がキッチンにある電子レンジを拭き清めながら「これ一台で、ナベ三人分は働いてくれたな」とおっしゃっていました。今は日本ではどの家庭にも一台はあるだろう電子レンジさえ、当時はプロのキッチンでは出始めで、フランスでは電子レンジを置いていないキッチンはザラでした。半分半分くらいでしょうか。

真空パックも、多分日本人の中では一番初期の頃から使用していたと思いますが、まだその頃は、あくまで保存のためだけに食材を真空パックにかけていました。

ひとつの方向に大きく流れる国民性から、電子レンジも真空調理器も、ヨーロッパやアメリカより、今では日本のほうが多く備えられているのではないでしょうか。

ジョエル・ロブションが興味深いことを書いています。

真空調理で仔牛のブランケット（白色のクリームシチュー）を作る場合、１人前のキューブ型に切った仔牛肉を少量の仔牛の澄んだフォン少量と一緒に真空パックにかけて、低温調理でゆっくり火を通す。そうすると煮くずれることもなく、最高の状態のブランケットができる、と。

多分この場合だと、仔牛のフォンを煮詰めて一定の割合でとろみをつけ、生クリームを加えてソースとするのでしょう。僕はロブションで働いたことはありませんが、フランス人の同僚がよく、「ロブションの調理場は冗談も言えないよ」とこぼしていましたから、生真面目で正確な調理を好む、常に高レベルの仔牛のブランケットを用意できると思います。さすがロブションというところでしょうか。

ただ二つの点で気になります。

Y組の5代目組長専属料理人のエッセーに出てくるエピソードで、5代目のお好きだという煮豆を出したところ、「もう少しつぶれているぐらいのモンを出すように」と言われたそうです。料理人さんが「組長、それは違いまっせ」というと、「ごちゃごちゃ言うな、少しつぶれてるぐらいが美味しんや」と、意見を却下されるシーンがあるのです。プロの料理人はどうしても料理屋の料理が念頭にありますし、味は乗っていてもつぶさないように気を遣って豆を煮たんだと思います。それからはワザと何割かはつぶして煮上げるようにされたと書いておられました。けれども、仔牛のクリーム煮でも白インゲン豆でも、煮くずれないとか色付けないとかになれば、もう人力より機械力、キッチンより工場の仕事のほうが、より正確に仕上がるようになります。「仔牛のブランケット」も、仔牛肉と少量のフォンを真空にして低温調理にかけ、そして決まった分量のフォンを別鍋で煮つめ、決まった配合でソースを仕上げれば、肉が煮くずれることもないし、無駄も出ない理想的な「仔牛のブランケット」ができます。それはその通りでしょう。ただ、あまり理詰めで考えるのもどうでしょうか。理詰めで無駄なくだと、落とし卵やエスカルゴの赤ワイン煮、リドヴォーやカエルのクリーム煮など、多くのフランス料理が生まれていないことになりませんか？

これらはブルゴーニュ地方の調理場に、コッコヴァン[注1]やブフ、ブルギニヨンに使った良質な赤ワインソースがふんだんに残っていたから考えられた料理でしょうし、カエルのクリーム煮やマカロニグラタンがリヨンの名物と呼ばれるのも、ブレスの鶏のクリームソースがいつでも使えるぐらいあったからでしょう。

日本の料理でも、割り下があったからカツ丼が生まれたでしょうし、ソバつゆがあったからカレー南蛮ができたのではないでしょうか。

料理は〝理を料る〟ものですから、キッチリ、キッチリしていたほうが良いとは思いますが、お客様の要望で、アドリブで一皿を仕上げたり、また、余りものから料理を作るには、ある程度のアソビ心がないといけないのでは？　とも思います。

我々料理人が工場の作業員と違うところはソコじゃないかと思うのですが。

第三章　三ツ星レストランからパリの大使公邸へ

フランス家庭料理の四季

ムッシュブランには、おばあ様から続く名店「ラ・メールブラン」を引き継ぎ、一ツ、二ツ、三ツ星を取るまで支えてくれた、両腕と呼ばれる二人のシェフがいました。一人は当時、ジュネーヴ、レマン湖のほとりにある「ホテルリシュモン」「レストラン・シャボテ」（長靴を履いたネコ）のリチャード・クレサック。

もう一人がアラン・デュタンといいます。アランは「ジョルジュ・ブラン」で15年間シェフを務めていますから、お世話になった日本人の料理人も多いと思います。

そのアランが、「ジョルジュ・ブラン」のあるヴィナス村からSNCF国鉄で10分ほど、アン県の県庁所在地ブールカンブレスの街中にある小さなホテルを買い取って、自分のお店を出すこととなりました。

その頃、僕はローヌ河に面した南フランスのホテルレストランにいたのですが、もともと「ジョルジュ・ブラン」にいた時から馬が合っていたこともあり、そのアランの新店にさそわれ、ブレス地方に帰ってくることになりました。

「ジョルジュ・ブラン」から独立したアランのお店は、フランスの地方都市に多い４階建ての小さなホテル。

メンバーはサービスを担当するマダムデュタンと洗い場のマダガスカル人のデャウー(本当の名前はとても長いのですが)、キッチンは僕とアランなので、全員「ジョルジュ・ブラン」の出身という風通しの良さ。2階がアランとマダム、3階が僕ら、そして4階がデュタン夫妻の二人の子どもといった、ホームステイのような生活でもありました。

アランはムッシュブランの親戚がやっている地元のレストランから「ジョルジュ・ブラン」に入社し、シェフだけで15年。ブラジルや日本などの海外へは仕事でデモンストレーションに行くけれども、本当は生まれ育った土地から離れたくない。

コカ・コーラをアメリカ人の二日酔いの薬と呼び、まだ小学生の長男ロミアルがその頃フランスで流行りだした宅配のピザを取りたいと言えば、もうそれだけで苦虫をつぶしたような顔になるような、生粋の田舎風フランス人シェフでした。

その彼と、二人で切り盛りする席数25ぐらいの小さなレストランです。アミューズ(先付け)から食後の小菓子まで、日常の家庭料理もハレの日の家庭料理も僕が作るのですから、勉強になりましたし、本当に運が良かったと思います。

ボジョレー・ヌーヴォーも小さな子どもを含め全員で味わい、「今年はカシス味」が強いとか、「コショーの香りだ」とか言っている土地柄です。子どものリクエストでタルティフレット（チーズグラタンのようなもの）やリヨンの名物料理であるマカロニグラタンを作ったり、マダムの健康に配慮して、régime な食事を用意したり。ちなみにレジームとはダイエットというより、まずは油っ気をさける食事のことです。

家庭での食事といっても、早春のたんぽぽやポワロー（葱）のヴィネグレット、夏の日差しの中のメロンやトマト、ラディッシュとバター、冬に入るとポルト酒をきかせたオニオングラタンやクリスマスにはブーダンを、と季節感満載でバラエティ豊か。

アランの両親が遊びに来るから「マサオ、グラン・ポトフーを作ろうか」と言われたりもしました。この場合の「グラン（grand）」は大きなとか偉大な、というより〝ちゃんとした〟〝キチンとした〟という意味合いが強いです。

ポトフーに関しては大きな鍋ごと食卓に出して、僕らスタッフとデュタン家の皆で、おのおの肉や野菜を取り、塩やマスタードを付けて食事をするのですが、ふと見ると、子どもたちのお皿が食後なのにピカピカで、僕の皿だけ汚れている。真に育ちの差を見せつけられたような思いでした。

「コース料理」はハレの食事

「フランス人はよく食べる」という神話がありますが、一年を通して一緒に暮らしているとそれはどうでしょうか。

僕が子ども時分、福岡の実家では、朝から納豆、焼魚、卵料理、ご飯、みそ汁と、かなりの分量の食事が並んでいた記憶があります。これがフランス人の家庭となると、パンとカフェオレのみ。アランの二人の子どもも、自分たちでビスコットとバナニア（バナナ味のミルクココアみたいなもの）を飲んで、二人で学校へ行っていました。

お昼ご飯に関しては、お昼休みの時間が全く違うので（フランスでは今でも一時間半か二時間はとれます）比較することもおかしいのですが、日本よりは、フランスのほうがたしかによく召し上がります。その代わり夜はそんなに食べません。家庭だとサラダ、ポタージュ、パンとチーズくらいが標準じゃないでしょうか。

スイスのホテルで働いていた時、昼はお客様と同じ、〝本日の料理〟のローストビーフやブランケットドヴォーなどを好きなだけ食べていましたが、夜はいかにも残り物という感じでした。「ジョルジュ・ブラン」でも、昼のまかないはロワゾーやエルメにも出せるようなそれなりの食材が用意されていましたが（ソールムニエル[注2]は2・5センチもの厚さがあり、ローストチキンさえ、ブレスは無理でもプーレ、フェルミエ（地鶏）を使っていました[注3]）、それでも、夜のスタッフ食のための食材の用意はありません。週に一度、当時シェフをしていたアランから「マサオ、ア・ラングレーズでいこう」と、1週間でたまったローストの薄切りや、ハムやサラダの冷たい食事で済ませていました。

スイスでもフランスでも仕事帰りに1杯というのは、汗をかく仕事柄、ビールを飲んで〝サレテ〟（乾杯！）はどのお店でもよくやっていましたけど、何かをつまみながら、ということはほとんど記憶にありません。「ジョルジュ・ブラン」に限らず、日本人が何人も働いているようなお店では、日本人だけツマミを用意して飲み食いをしていて、そもそも、日本より勤務時間は長いので、仕事が終わればシャワーを浴びてバタンキューだと思います。

多くの日本人は、料理人はもちろんのこと、企業の方でも学者さんでも、フランスで働く方は皆（ガイドブックを片手に）評判の良いレストランへ食事に行かれます。でも、多くの日本人が、東京の赤坂や新橋、京都や大阪、金沢の高級料亭に食事に行かないように、多くのフランス人は、料理人でさえ、ほとんど星付きのお店には行きません。まして、二ツ星、三ツ星のお店に夜食事に行くとなれば、本当にハレの日だけです。昭和の日本のフランス料理は量が少ないといわれていましたが、今僕が働いている石川亭では昼も夜も社長の石川が考案したというキャベツ入りハンバーグが２３０グラムもあります。日本のフランス料理もフランスのフランス料理も、こと量に関してはあまり変わらないのではないでしょうか。

偶然がもたらした「パリ」への道

今は分かりませんが、ヨーロッパの地方のレストランで働いていると、日本の情報はあまり入りません。パリやジュネーヴ、ブリュッセルのような大都市だと、休日に日本語を使う機会も多いでしょうし、リヨンやディジョンなど美食の街も、料理人や料理人の卵ばかりとはいえ日本人がいて、日本の話が手に入ります。が、地方の小さなレストランだと、日本語を使う機会はほとんどありません。

休日、街中のカフェに入ってお昼ご飯を食べる、その時に4分の1の赤ワインと新聞を持ってきてもらうのですが、カフェに置いてあるものなのでその街のサッカーチームの試合が1面に出てくるようなスポーツ紙みたいなものが多く、日本の記事は出ていても簡潔です。日本の首班指名の記事を読んでもよく理解できず、「自社連立」などは想像もつきませんでした。パリに出てくるまで旧連立の村山さんが自民党の海部さんを破って内閣を組まれたのだとずっと思っていました。

フランスでは1月から2月にかけて、各地方で時期をずらした「スキー休み」という1週間の休暇があります。お店も休みになるため、デュタンファミリーは山へ、僕はまだ行ったことのない地方をぶらぶらしようかと思っていました。そしてデャウー君は親戚がいるというパリへ遊びに行く予定だそうで、「デャウー、パリに行ってくるならキオスクで（ロンドン版の）ＡＳＡＨＩ新聞を買ってきてくれない？　お金は買ってきたら払うから」とお願いしました。

「ジョルジュ・ブラン」でもアランのお店でも、白いコックコートに青いエプロンを付けているマダガスカル出身のデャウー君。実は、彼はフランスの料理業界のひとつのエリート組の一員なのです。

デャウー君は「ポール・ボキューズ」の有名な黒人ベルボーイ、サイードさんの従兄弟にあたり、彼の一族は、このフランス飲食の世界で大きなネットワークを持っている（らしい）とか。

イスラム教の教えには助け合いの精神が色濃く、一族の中の一人が成功すると、その成功者は一族の者を引き上げると言われます。

多分、サイードさんがフランスで職を得たことを足がかりとして、従兄弟だの親戚だのと、海を渡ってフランス料理業界へ。そしてサイードの信用力で、リヨン近辺のレストランで何人も一族が働いているという話でした。

1週間の休暇が明け、仕事の始まりの日にデャウー君が「マサオ、ＡＳＡＨＩ新聞は見つけられなかった」と、僕に渡してくれたのは、パリ在留邦人有志が発行している「オヴニー新聞」という無料のタウン誌。たしかに字が読めないデャウーに、日本語の新聞を買ってくるのは難しかったのでしょう。まぁいいやと受け取りましたが、彼のこの親切で、僕はまた、大使館で働くことになったのです。

ロンドン版の朝日新聞が見つからず、多分、どこかのラーメン屋さんの店先にでも置いてあったのでしょうか。デャウー君が持って帰ってきてくれた「オヴニー新聞」は、1979年創刊。もうその時点で何年も続いていて、ページ数はあまりないものの、フランス政界や、社会の動き、催し物や、日本人向けの物件の紹介や、車の売買など、パリの日本人には便利で馴染み深い新聞です。記事だったのか三行広告だったのか忘れましたがそこにあったのが、「大使館で料理人募集」の文字。情報はたしかこれだけだったと思います。

これだけではよく分からないから、電話してみようかな? 日本語も喋りたいし、とパリの大使館へ電話を入れることになりました。

そのオヴニーの記事を見る、2年ほど前でしょうか。パリの日本大使館に勤務する若手の外交官が6人ほど、「ジョルジュ・ブラン」にプライベートで食事に来てくれた時のこと。当時2番手のメーテルドテルのジャンイブが「マサオ、連れていってあげるぜ」と気を遣ってくれて、普段僕らは入らない食堂に僕を連れていき、その大使館の方々のテーブルで〝皆さん、ムッシュブランの登場です〟とフランス人らしい冗談で皆を笑わせました。が、後日、他のテーブルのお客様から伝わったのか、ムッシュブランが激怒して僕を探しに調理場に来ました。しかしその時には僕はもう南フランスに逃げた後だった、ということがありました。その時、みんなを連れてきてくれた旧知の大使館のU子ちゃんに、このオヴニー新聞の募集記事のことを電話で聞いてみたところ、「前のフランス料理のシェフが日本での勤務が決まって帰国することになって困っているみたいだから、私の部署にFAXちょうだい」と請け合ってくれたのです。アランに話し、お店のFAXで簡単な履歴を送ると、「パリに出てこられないか？」との返信。TGVでパリに向かい、赴任間もないM大使と面接したところ、M大使は僕が西アフリカで3年お仕えしたY大使と外務省入省同期でした。フランスには各地で活躍している日本人の料理人はたくさんおられるでしょうが、すぐに大使館の仕事に入るなら、経験者の僕が行くしかないかな……と。

この決断を話すと、デュタン夫妻は「お祝いしよう」と言ってくれて、「アラン・シャペル」でディナーをご馳走になり、パリへ向かうことになりました。

パリの大使公邸へ

阪神淡路大震災、地下鉄サリン事件と日本では大事件が続いた1995年の3月、二度目の大使館勤務のため、パリへ向かいました。4月1日から勤務というのが日本の役所らしいところですね。

ワシントンやロンドン、ニューヨークと並びパリの在フランス大使館公邸も料理人は二人体制。和食調理はM大使夫妻が日本から連れてこられた京都「たん熊」出身のH夫妻が担当され、二人のお住まいは公邸内に用意されています。

僕はフランス大使館の現地採用の職員となりますので、パリ郊外に部屋を借りて、その当時でも少なくなりつつあった黄色いヘッドライトのオンボロBMWで早朝に出勤。それから常設の市場へ買い出しから仕込み、食事会を終えたら自宅に戻るという毎日が始まりました。

M大使は、我々料理人にあまり細かい指示を出されるタイプではありません。それでも昼も夜もほとんどお客様と会食されるというモーレツ大使でもあります。

文化交流関係の食事会は、H夫妻が用意する和食が多いので、朝食会や、急に入った食事会は、（フランスでフランス料理を作るのは、食材選びにしてもそんなに大変ではないため）なるべくフランスに慣れている僕が多めに負担するようにしていました。

週に2、3回、M大使は朝のトップニュースを見られた後、食堂に来られます。そこで大使館が「マキシム・ド・パリ」から引き抜いたという給仕長のジョセフとともに、予定表とワインリストを見ながら打ち合わせをします。大使はせっかちといってもよいぐらい判断が早い方ですから、まず人数に合わせて、ワインを白と赤なのか、赤のみなのか、料理を決める前にワインを先に決めるケースもありますし、お客様の数が増えて、赤ワインのみの宴会が白ワインと赤ワインの両方に変わる時もあります。料理は、大使がお客様として招待された際のムニュ（メニュー）を示されたり、地方出張に行かれた時に召し上がった料理のイメージを聞き取って、それを再現するケースもあります。

実は二ツ星、三ツ星だと、使用する食材や調理法などに違いはあってもそもそも水準が変わらないので「○○地方の三ツ星店で、こういう料理を食べてきたんだけど」という場合、逆算して作るのはそんなに難しくありません。しかし地方都市の一ツ星クラスだと、たまに解釈が難しい組み合わせも出てくるので、そこに大使の日頃のお好みを加えて料理していました。

任国によって違いはあるでしょうが、レストランで食事を楽しむ会食ではなく、あくまでノートを取りながらの食事会なので、料理に関しては〝食べやすさ〟、メニュー表記は〝分かりやすさ〟が求められます。人数も（アフリカでは、たまにメインゲストの方が何人も友人を連れてくるので、よく変動しますが）料理もワインも前もって決まっていますから、レストランでよく見られるような〝アミューズ〟〝ブーシェ〟を食卓に出すことはありません。お客様には日本が誇る「柿の種」をサロンで召し上がってもらいます。

ビジネスライクな食事会になれば、料理もワインもコンサバティブな方向へ向かいます。その頃、ガスオーブンに代わって低い温度に設定できる電気のオーブンが主流になり始め、クレームブリュレが再評価されたり、野菜のチップスなど低温調理する料理が現れ始めていました。その低温調理オーブンの適性をいかした牛乳のジャム「コンフィールドレ」は、牛乳と砂糖に低温で火を通して、白いままジャムにするというデザート用のソースなのですが、ある日の宴会で公邸から大使館の儀典室にメニューをＦＡＸで送ったところ、儀典室の大使秘書のマダム・デュボアから「ムッシュワタナベ、これはダメよ」と書き直しを求められたことがあります。そうなのですね、大使館での食事会はレストランと違い、お客様が給仕長へ料理の質問をしたりしませんし、ましてチョイスがあるわけではありませんから。大使館の食事会は、新しい料理に挑戦する場ではないということを教えられました。

少し昔の話かもしれませんが、吉田茂駐在英国大使の公邸料理を作られた志度藤雄さんが本に書かれている通り、大使館の公的食事会に食材購入費用の上限はありません。原価もなければ売値もありません。

ただ、ごくたまに公邸料理人をされている方のエッセー等で、「予算の上限がないから十分に腕を振るうことができた」等の文面を目にすることがありますが、それはどうでしょうか。やはり任国によると思います。日本と比較すれば食材の確保が難しい国では、特に日本料理をお客様に提供する場合など、料理人さんに腕を振るってもらうためにも食材費を倹約する必要はないと思います。一方で、例えば僕が3年務めたコートジボワールのように、日本円で１００円もあればパイナップルが9個も10個も買えるような物価の国もあります。

僕のパリでの勤務は現地採用職員で、大使と国から半分ずつの給料をいただく公邸料理人と違い、今回は全額、日本国民の税金からの給料となりました。また、2回目の公邸勤務、しかもフランス料理の担当なので、自分なりの目安はもとうかな、と思い、食材原価はH夫妻が用意される和食宴会の半分以下を目標にして行いました。また、日本大使、英国大使公邸と同じ並びにあるフランス大使館官邸〝エリゼ宮〟の料理が、ミシュランフランスだと二ツ星に相当すると言われていましたので、日本大使公邸のフランス料理だと、一ツ星の上レベルぐらいで良いかなと日々料理を作っていました。

たしかエリゼ宮では、食事会のスタートから終了までの時間が決まっていると聞いたことがあります。公邸の食事会も、ある程度時間は一定なので、あまり手をかけすぎず、季節の食材を良い状態でお出しするように心がけていました。

M大使は仕事師大使、モーレッツ大使で、週に2回ほど朝食会をすることもありますし、日曜を除くと昼夜とも、（招待する、されるはともかく）全ての食事はお客様とされるような毎日で、（料理を試作するつもりは最初からなかったけれど、）試作する機会はついにありませんでした。試作しないでどうするかといえば、翌週の打ち合わせをする時にM大使がこう言います。

「渡邉君、この間ジュペさんのところで（ボルドー市長の公邸かな？）仔羊の料理が出たんだけど……」

「茶色くて煮こんでいるのですよね？」

「そう、そしてサービスがこうしてああして」

「大使、それって〝セテュール〟（7時間）[注4]とか言ってませんでしたか？」と僕。

「あ、そう言ってた」と大使。

「分かりました、来週のここのディナーでよろしいのではないでしょうか」

そしてジョセフがワインリストの中からボルドーの赤を薦めて……という流れ。その後、僕も常設の市場に食材を買い出しに行くので、だいたい5、6分で打ち合わせを終えていました。


僕が働き始めた当初は、M大使も着任して間もないこともあり、あっさりした料理がお好みでした。若鴨の胸肉や仔牛の背肉のローストに軽めのジュを添えるようなメイン料理が多くて、ちょっとワインとのバランスがどうかな……とも思っていました。なんせ「ジョルジュ・ブラン」で皮をのぞいた鶏の胸肉は子どもメニューのメイン料理で、僕の師匠シェフアランは常々、ブレスの鶏の胸肉はアメリカ人しか食べないと公言していましたから。異例の長い任期もあり、地方出張などで、各地方の料理を召し上がる機会も多かったのでしょう。徐々に、昔から残っているどっしりとした正統的なフランス料理を望まれるようになり、大使としての仕事をこなしながらの勉強ぶりとその真摯な姿には感心しました。

国際コンペと料理人

国連本部があるニューヨーク、ジュネーヴ、そしてワシントンやパリ、ウィーンなどでは、国際的なコンペが催される度に、大使館の料理人も多くの仕事を手がけることになります。

勝ち、負け、という表現はおかしいかもしれませんが、万博誘致は愛知で取れました。サッカーのワールドカップは日韓共催に落ちつきましたから引き分けでしょうか？

一番大変だったのは、現職のM大使を当時のマヨール氏の後任の事務局長として日本が擁立した、ユネスコ選挙戦の料理です。マヨール氏の任期切れに合わせ、それまでの2年間は、世界各国の文化大臣やパリ在住の大使など、ユネスコ関連の食事会が続きました。元々フランスでフランス料理を作るのですから、大使には急な宴会でも大丈夫ですよと伝えてはありましたが、最終局面では1カ月に30回の食事会をやっていましたから、外交官の体力もすごいですよね。

ジュネーヴでは40カ国の国籍の同僚と仕事をしていきましたが、今回は世界中の国のお客様が相手です。聞いたことのないような国もあり、また、アフリカや中南米諸国の方よりアジアの国々のほうが食に対するタブーが多いことなど、僕も良い勉強をさせていただきました。

勝ち、負け、という表現はともかく、当選しなければ、国民の税金が無駄になってしまうわけですから（完全に無駄になることはないと思っていても）たかが料理を作っていただけではありますが、選挙の結果にはホッとしました。

大使館での最後の仕事

ユネスコの選考はたしか、加盟国の過半数を取る候補者が選出されるまで、何回も投票が行われるというシステムで、僕は裏方ですから細かな情勢は知るよしもありませんでしたが、結果としてM大使がユネスコ事務局長へと当選することになりました。

僕のようにフランスのレストランで働いている者が、そのまま日本大使館で働くというのも珍しいことですが（僕の前任者も含め何人か聞いたことがあります）、日本の特別全権大使が、その任国で国際機関のトップに就任されるのは、もっと珍しい事案だと思いますので、少し触れておきます。

前例はないはずですから外務省も柔軟に対応していると思いますが、まず当選の翌月から、公邸に来られるお客様の格は上がっています。局長、次官、大使ではなく、各国の大臣が来られました。

M大使が日本に報告や打ち合わせで帰ることもなく、大使館の講堂で簡単な送別会を行い、大使が（日本から誰かを連れていくことなく）「僕はパラシュートで、一人でユネスコへ行きます」と館員の皆さんにご挨拶されて、M大使は淡々とユネスコ本邸に近い、マヨール前事務局長の住んでいたアパルトマンに引っ越されました。すぐに年越しとなり、N特命全権公使（臨時代理大使）主催で大使公邸において、公使夫妻、前大使夫妻並んでの新年会を行いました。

M大使の公邸料理人のH夫妻はもう帰国されていましたので、仕出し屋さんと僕とで新年会の料理を用意したのが、僕のパリでの最後の仕事となります。

コラム　ある外交官の思い出

デャウー君がパリから持ってきてくれた「オブロー新聞」の記事をきっかけに、パリの大使公邸の料理人になる面接をしに、勤務先のブールカンブレスからTGVでパリへ来た時のことです。

パリの大使館には、中近東やアフリカ諸国からの出張者が物資の調達の手続きに来た時に寄る（くだけた表現をすれば彼らがタムロしている）部署があります。そこに、今回の面接に繋げてくれたU子ちゃんが勤務しています。その時にザイール共和国から出張に来ていたのがAさんでした。やはり中央アフリカ共和国のバンギから出張で来て、部屋にいたK子ちゃんが、まん丸目玉とちょび髭の愛嬌のある顔立ちを見て、「Aさんってゴマちゃんに似ている（多摩川に現れたというゴマフアザラシ）」と笑っていました。Aさんは、一度内乱で閉鎖されていた大使館再開のため、先遣隊として、またしてもザイールへ送られて、ホテル暮らしをしながら事務所再開の作業を進めている最中だと話されていました。

僕も西アフリカの大使館にいる時には、ザイール内戦でヨーロッパへ脱出を図る日本人のために空港まで〝オニギリ〟を届けたり（もっとも僕は作るだけ）という仕事もやっていましたし、その後もちょくちょく、オペラ通り近くにあるラオス人の板前さんが変わった巻物を出してくれる居酒屋へ飲みに行って、彼の愚痴を聞いたりしていたのです。

やがて無事にキンシャサの大使館も再開することになり、Aさんはいったん日本へ戻られました。次にパリへ来られた時には新婚ホヤホヤの奥様と一緒。新婚旅行だったのか、「イヤ〜、ついに俺も結婚できたよ」と鼻高々でした。ほとんど日本語ができない奥様を「かわいいでしょ」「かわいいでしょ」と連発するAさんと二人、僕の車で観光案内に連れていった覚えがあります。

それからどのくらい経ったでしょう。1カ月も2カ月も経たない頃でしょうか。大使館の事務所で何かの打ち合わせをしていた時のこと。総務班のどなたかが話しかけてきました。

「渡邉さん、Aさんと仲良かったよね？」

「Aさん？　ザイールのAさんですか？　こないだ奥さん連れてきたから、僕、案内して飲みに行きましたよ」

そしたら、なんと、

「（太平洋の）どこか（聞いたこともない場所）の出張所でマラリアで亡くなったんだよ」

あんなにザイールで苦労して、そしてやっと結婚したと思ったら、今度は南の島でマラリアかよ、と。


Aさんのことをゴマフアザラシのゴマちゃんに似てると笑っていたK子ちゃんも、すぐに中央アフリカの内戦に巻き込まれて、フランス空軍の軍用機でバンギを脱出し、パリへ逃げてくることとなりましたから、やはりアフリカ勤務も大変ですね。料理で生きる我々は、目立たないけれど命を削って平和を守る人たちへの感謝の気持ちは持っておくべきでしょう。

第四章　行ってみなければ、分からないこと

ニッポンフレンチの犬と鬼

中国の古典『韓非子』に「犬と鬼」という話があります。皇帝が宮廷画家にこう訊ねます。「描きやすいものは何であるか、また描きにくいものは何であるか?」と。その答えが「犬は描きにくく、鬼は描きやすい」。つまり、身近なものほど捉えることが難しく、逆に遠いものは捉えやすいということです。

日本人のフランス料理人と働く時に思うことは、この中国の故事です。

特にフランスで働いていた時に痛感しました。日本から来たばかりの人には、なかなか〝まかない〟(=スタッフへの食事)は作らせられないなと。星付きレストランでお客様に出す料理は手順通りに作れても、スタッフ用の食事には、食材も手順も臨機応変に対応する能力が求められます。ポトフーや仔牛のブランケットなどの煮こみ料理、ソールムニエルやローストチキンを焼いて、人数分のジュを取る、みたいな、一見地味で簡単な基本をちゃんとやっていない(または教わっていない)人が多いのです。

そして、味を決められない人が多い。

僕の働いていた「ジョルジュ・ブラン」では、当時昼夜2回、スタッフ用とディレクション用（ブランファミリーとムッシュブランの鼻と呼ばれる給仕長のマルセルなど）合わせて50食ぐらいを用意していました[注5]。ソーシエ（メイン料理を担当する部署）の僕が、使うことのできる食材のバランスや予約状況を見て、付け合わせ、前菜サラダ担当の二人の若いフランス人の男の子に指示を出しながら献立を組むのです。なんせ経験がモノを言いますから。

実は内心、僕もまかない作りにはかなり自信を持っていて、褒められるケースのほうが多かった（つもり）なのですが、一度だけブラン氏にお小言をもらったことがありました。夜のディレクションの食事に出したプレーンのオムレツに〝塩が足らない〟と。

「え！　塩？」

日本ではなかなかオムレツに塩が足りないって言われるケースは少ないと思うので、さすがにフランスの三ツ星だな、そのぐらい味を付ける、味を決める、ということにこだわりがあるのだと実感しました。

それから、日本から来たばかりの人が味を決められない理由がもうひとつあります。それは、基本的にその頃の日本では、味を決めないという教育（？）だったからです。

笑い話のようですが、一番若い人がスープを作るとすると、それを部門シェフのところへ持って行ってそこで塩をひとつまみ、そして部門シェフが総料理長のところへ持っていってそこでまた塩をひとつまみ入れる。「いいかナベ、そうやって上を立てながら仕事をするのが良い料理人なんだぞ」……と。

もちろん、これは僕の見習いの頃の話ですから、今はこんな悠長な仕事をしている調理場はないと思いますけど。

ミシュランガイドとは

2020年度のミシュランフランスで、ついに日本人のシェフ小林圭氏が三ツ星を獲得しました。本場フランスでの三ツ星ですから、これはまさに快挙といえます。

レストラン業は地産地消です。小林シェフは渡仏から20年かけてフランス料理界で信用を得て見事三ツ星を得たわけで、これからも若い人たちには続いてほしいと願っています。

昨今、欧米の大学で学ぶ日本人の学生さんの数が中国や韓国の学生さんよりかなり少ないとか、国際機関の職員に占める日本人の割合が規定の人数より少なく、いわゆる国際派の日本人が減りつつある、という話をよく聞きます。

大学生や国際公務員、研究者の方は僕にはよく分かりませんが、たしかに日本の若いフランス料理人と話すとあまり積極性を感じず、たまに「日本にもミシュランがありますから」とか「インターネットで見ることができます」と言う若者もいて、思わずズッコケそうになります。「日本のミシュラン」が信用できるのか否かはあまり大きな問題ではなくて、料理こそフランスならフランス、イタリアならイタリアに行かないと……。

行けば分かるというものではありませんが、行かないと分からないところが分かるということはあると思います。本来ミシュランのガイドとは、フランスが誇るタイヤメーカーたるミシュランが、あくまでフランス国内の道路を追った地図なのです。多くのフランス人にとっては、夏のバカンスに訪れる地方ごとの黄色い道路地図のことを指し、日本の方が思っているような、美味しいお店のガイドブックとはかなり違います。

どのような理由で海を越えて、香港やこの日本で赤いガイドを作ろうとされたのか、僕には分かりません。もしフランスもしくはフランスと地続きの国のみのガイドを続けていたら、初めて三ツ星制度ができあがった１９３３年のミシュランガイドは、いつかはユネスコの文化遺産に登録されたのでは？　と、少し残念にも思います。

フランスのミシュランガイドに対する料理人の信用は、唯一と言ってもいいぐらいの高さでありますから、日本のミシュランも我々料理人にとって良い指標だろうと思います。でも、料理はやはりその土地に行かないと。ぜひ若いフランス料理人はフランスへ行って、現地の風を浴びてきてほしいと願っています。

定価のない世界

日本生まれ、日本育ちの方には想像がつかないかもしれませんが、西アフリカは定価、値札のない社会です。メーターの付いたタクシーもなかったように思います。それでは支払いはどうするかというと、交渉するのです。これいくら？　から始まって、だいたい言い値の半額ぐらいが相場だといいます。欧米風のスーパーマーケットやホテルのアーケード以外は、魚市場も野菜市場も、綺麗なアフリカ紋様の生地市場も、そしてなぜか路上で売っているラジカセや時計（SANY.ROREX製品です）も、値段は全て交渉の上に決まります。バカバカしく、時間の無駄とも思われますが、なじみの売人ともなれば、自分の持ち場を離れてこちらの望んだ食材を探してくれることもあります。摩擦を嫌う日本の全て無言のお買い物とは、同じ買い物でも大違いです。あちらは言わば戦いですが、それなりに成り立っているのでしょう。日本とは違う世界があるということです。

また、日本はどんどん便利で安全な国になっていますが、フランスは違います。オーギュスト・エスコフィエからボキューズまで、数多くのグランシェフの働きかけでフランスのキッチンは随分と変わりました。ロブション氏は、修業先のバークレーの調理場が暑すぎて一日に何度もコックコートを変えなければならないと自伝に書かれていますが、昔の調理場はみんな地下にあります。パリの日本大使公邸も昔の貴族の館ですから、わざわざ地下の調理場から1階、2階、3階の食堂へ料理を運びます。

フランスでは地下のキッチンは昔のなごりです。たしか今は法令でキッチンには窓の設置が義務付けされているはずですから。僕の修業先、「ジョルジュ・ブラン」はスイスに隣接したアン県の中でも美しい田園や小川のある村です。ブレスの鶏を掃除していたのか野菜を切っていたのかは忘れましたが、ある日心地良い天気のなか窓の近くで仕事をしていると一匹の小さな蜂が飛んできて、僕の左手の甲を刺したのです。あちちちと騒ぐ僕にフランス人の仲間が寄ってきます。

「なに、マサオ蜂に刺されたの？　それなら俺のが一番効く！」とみんながみんな、自分のオシッコが一番！　と言い張るのを断るのに往生しました。ジョルジュ・ブラン氏の2冊目の著書『皿の上の自然』ではありませんが、フランスの地方の自然の中で仕事をしてきた楽しい思い出のひとつです。もちろん、調理場に虫が入ってくるなんて！　という意見もあるでしょう。それでも、その時々の季節を感じて仕事ができるのはやはり幸せなことだと思います。

日本だとどうでしょう。東京ではビル内のお店が多いので、窓はなく朝から晩まで人工の明かりの元で料理を作るキッチンのほうが多いようにも思います。見習い時代から今まで、もう40年。日本の調理場も飲食の世界も随分と変わりましたが、こういった世界の例を見ると、日本が目指す「より便利で摩擦のない世界」が本当に良い世界なのかは、一度考えてみるべきだと思います。

日本の若者は恵まれている？

日本では、フリーターなり、ブラブラするなり（？）、親の脛（すね）を齧る（かじ）若者は珍しくないでしょうが、フランスではあり得ないのではないでしょうか。それぞれ専門の職業学校で学び、成績に応じた研修先で修業をして、一人前の職人になるルートが決まっていますから。

僕は昔から老若男女、友達が多いほうで、「ジョルジュ・ブラン」でもキッチン以外にも気安く話せる仲間が数多くいますが、サービススタッフにマシュー君という14〜15歳くらいの男の子がいました。三ツ星で研修しているということはどこかの職業学校の首席なのですが、小柄でまだ子どもらしいのに、朝食からディナーまで、いつもはつらつと働いています。

ある朝、宿舎からお店に向かう時に一緒になりました。「マシュー、今朝は遅いね？」と僕が尋ねると、何と、前夜お客様が遅くまで食堂で粘ったため夜中の3時まで仕事をしていて今朝は少し遅く出勤している、とのこと。「ジョルジュ・ブラン」も元々は旅籠屋、「ブランおかあさんのオーベルジュ」ですから、お客様は部屋がすぐ近くにあり、のんびりされていたのでしょう。なんせフランスでは、日本風に「そろそろラストオーダーです。追加のご注文は？」などと聞くことはあまりありませんから。いやいやマサオ眠たいよ、と言いながらも短髪に黒服をびしっと着こなしてにこやかに話すマシュー君を見ていると、やはり、職人としての土性骨（どしょうぼね）は、自由時間のある日本の若者より、若い時から修業を始めて決めた道を行くフランスの若者のほうがしっかりしているなと感心してしまいました。

さて、このマシュー君のように一生懸命に仕事をするとどうなるでしょうか？

今の日本は人手不足もあって都心のほとんどのファミリーレストラン等ではモバイルオーダーが採用されており、各テーブル、お客様がご自分で注文をされていますよね。お客様にご注文を伺うお店でもハンディを片手にピピッ。もうお寿司屋さんでも、焼き鳥屋さんでも、職人さんが器用にピッピピッとやってます。僕は基本、調理場にいますから、お客様から注文をいただく時にはメモを取ります（なんせ、すぐに忘れてしまいますから）。それでは、フランスではどうでしょうか。

フランスのレストランでは基本的に暗記されています。黒服を着たシェフド・ランと呼ばれる担当給仕長が頃合いを見計らって各テーブルに赴きます。そして、こちらのマダムがウサギ、こちらのムッシュが仔羊、もう一人のムッシュが小鳩、と目視をしながら注文を聞いて、6人でも7人でもクロッシュを取れば、湯気と共に、必ず注文した料理が現れる。これは、レストランで食事をする楽しみのひとつですよね。いったいどうやって暗記しているのか？　そこは僕には全く分かりませんが、やはり、若い時からの修業の賜物だと思います。

当時14、15歳くらいのマシュー君も今は立派な給仕長になっているでしょう。日本の若者のほうが、転職の自由はあるかもしれませんが、天職として若い時から働いてるマシューー君を見ていると、本物だな！と感心してしまうのは僕だけではないでしょう。

世界で戦うためには

それでは世界で戦うために、何をなすべきでしょうか。

日本で生まれた若い皆さんが、フランス料理の本場で戦うためには何が必要だと思いますか？

〝まずは体力〟でしょう。心技体と言いますが、どのような職場であっても、体力に不安があったら乗り越えられないのでは、と思います。

なんせ、我々の職場は朝から夜まで立ちづめで、重たい物を持ったり熱い物を出し入れする、その繰り返しです。ランチタイム、ディナータイム中には、少し休むとか座って一服という時間はありませんから、体力と気力は必要です。

料理の世界に入門する年齢は、まぁ若い方が良いとは思いますが、10代の後半から20代の前半にこの仕事を始めるのならば、そんなに変わらないと思います。また、僕のように最初から現場に入る人も、専門の学校で学んでから仕事につく方もいると思いますが、そこも、僕らからみると横一列です。仕事というのは報・連・相ですから、なまじっか料理を作れるだけの人よりも、報・連・相のできる、料理の作れない新人のほうが現場は助かります。

当たり前ですが、日本で外国の料理（ここではフランス料理）を学ぶのは、それなりのハンディキャップがあることを自覚しないといけません。

上の立場の人から言われた通りの仕事をしたり、配合通りの料理を作っているのならともかく、自分で四季のメニューを書く時には、それなりのよりどころがあったほうが良いと思います。

ちなみに僕は、スイスやフランスで一緒に仕事した仲間が自分の立場ならどのような料理を作るかな……と考え、料理を作っています。

もちろん、空想ですし、「頭の体操」と言われればそれだけなのですが。

夢のような職場はありませんが、そこに向かっていく気持ちだけは持ち続けたいと思います。

コラム　僕が既製品をあまり使わないわけ

三ツ星の「ジョルジュ・ブラン」なら当たり前でしょうが、スイスやフランスのキッチンでは、日本の調理場によく置いてある、顆粒のブイヨン、スープの素、化学調味料などを目にすることはありません。どちらかというと、ヨーロッパのキッチンのほうが愚直に料理を作っているように思えます。もちろん、日本でも置いていないところはたくさんあると思います。日本の食品メーカーはとても勉強熱心ですから、お肉のフォンやコンソメ、各種スープから野菜のピューレなど、料理人が作る以上の美味しいレトルトを開発されていて、常に人手不足の現場はとても助かっています。

ただ、美味しすぎること、つまり常に100点以上の美味しさがあることには警戒が必要です。

夏、「ジョルジュ・ブラン」のキッチンに瑞々しいトマトが届きます。湯剥きして種を取ってザク切りにして玉葱ニンニクと炒め、ランチ終わりにオーブンに入れてトマトのコンカッセを作ります。まあトマトのジャムみたいなもので、何かとソースのアクセントに使ったりするのですが。一番良い時期のトマトであっても、でき上がりは一定ではありません。よく味が出ている時も、薄いなと感じる時もあります。しかし、それを調節するのがプロの料理人でしょう。

フランスの三ツ星レストランと日本の飲食店、どちらもプロの飲食店ですから、毎日同じレベル、同じ味の料理を提供する義務が料理人に課せられていることに間違いはありません。しかし、考え方に少しの違いがあります、まず三ツ星なら、入ってくる食材の味を最大限に引き出す。そして、料理人がバランスを取って一皿に仕上げる。一方、日本の場合、味付けを一定にするため、最初から化学調味料何パーセントか入れるような仕事になりがちです。毎日同じレベルの料理を提供したいという目標は同じですが、アプローチが違うのです。

前述したように、化学調味料もレトルトも美味しすぎますから、あんまり使いすぎると嘘っぽくなります。そこを僕は警戒してるのです。

では、化学調味料やレトルトが置いていないヨーロッパのキッチンはどうバランスを取っているのでしょうか。僕がフランスの現場で修業していた頃、よくいろんな方から「ボキューーズ」はノープロブレムだ!という賛辞を聞きました。ボキューズさんのどこがすごいのでしょうか？　昔ながらのオーブンでしょうか？　それともシステム？　いえ、そうではありません。人が揃っているというのが強みなんです。何と言っても、「ポール・ボキューズ」にはボキューズ以上の腕利きがゴロゴロいると言われているのです。それでボキューズはノープロブレム、と呼ばれているのですね。システムやルセット（レシピ）も大事ですが、よく味の分かった仕事師を揃えているというのがフランスの三ツ星の考え方なのです。

第五章　日本料理とフランス料理

13年ぶりの日本で

日本に帰国して最初に勤務したのは、表参道駅から徒歩2分のガレット屋でした。お店のオーナーさんは、飲食の世界とはほど遠い宝飾業界の方。オーナーのご主人が別会社でヨーロッパの食材の輸入を手がけられていて、その食材を使ってガレット屋さんをやってみたいというのが開業の動機だそうです。僕にとっては初めての、副業オーナーさんの下で働く経験だったのですが、よく覚えていることがあります。

そのガレット屋さんではよく宝飾や輸入元、また、融資先でしょうか、銀行の方などいわゆる取引先の方を接待する食事会をなさるのですが、毎回、他のお客様を待たせても良いからご自分のテーブルの料理を先に作るように、わざわざオーナーさんがキッチンにまでお見えになって念を押していました。

これには面食らいましたね。ジュネーヴでもホテルの支配人がお客様とレストランで食事をしたり、また「ジョルジュ・ブラン」でもマダムブランが食事会をされていたりしていましたが、その時、もちろん気は遣うものの、他のお客様と同じ扱いですし、日本では「お客様優先、身内は後回し」と教わってきましたから。

その後働いたのが、株式会社テイクアンドギヴ・ニーズ（T&G）、そして俺の株式会社。この2社はハウスウェディングや俺のフレンチ、俺のイタリアンと大きなブームを起こしましたから、ご存じの方も多いでしょう。今は全国展開しているT&G社が、まだ松濤から東横線沿線に3、4店舗あるぐらいの初期段階にお世話になりました。ウェディングプランナーを主役にしたドラマの影響でしょうか、会社説明会には会場に入りきらないくらいたくさんの若い女性が来ていました。結婚式ではその熱気と大音量のMISIAさんの音楽が記憶に残っています。新郎新婦も仲間と一緒に盛り上がる！　帝国やオークラなど老舗ホテルとは違った自由さが売りですが、騒ぎすぎて近隣からの苦情も多かったように思います。

俺のフレンチにも、ブームの頃に働いてました。4000円の料理を1000円にして、一日になんと4回売りつくす。この本の編集者が、証券の世界の考え方のようだと言っていましたが、その通り、野村證券出身のY副社長のアイデアなんです。僕は数多くの国籍の料理人と仕事をしてきましたが、料理人からはこんなアイデアは出ません。なんせ我々は、売値は必ず4倍と教わってきましたし、それは今でも変わりありませんから。「三日で一カ月の家賃を売り上げる」もそうですが、持続可能なための昔からの教えでしょう。

俺のフレンチの1号店では、狭い空間で立ったままステーキやオマールエビを頬張り、ワインを流し込む。毎日とは言いませんが、倒れこむお客様も多かったですし、たしかクリスマスイブの予約がなかなか入らなかったのが印象に残っています。

帰国して働いたなかでは、特に次の2社で勉強させていただきました。株式会社ニュートンと、際コーポレーション株式会社です。ニュートンは都内にオシャレで食事も楽しめる「カラオケパセラ」、そして伊豆市内にバリ風のホテルを展開されています。社長の方針でしょうか、スタッフ間の垣根がなく、社内でいろんな意見を交換し、議論をしていました。なかでも、クレームとまでは言いませんがお客様からご意見をいただいた、スタッフ間の呼び名、呼び方についての議論はよく覚えています。最初のお客様からの指摘はたしかお客様の前での「ちゃん付けはおかしいのでは?」でした。スタッフ間の話し合いでは、役職で呼ぶべきという意見から、ある支配人の「いつまでも支配人ではないでしょうから、自分はさん付けが良い」という意見までありましたが、僕が感心したのは、若手シェフF君の「日本人同士では君やさんを付けるのに、外国人スタッフには使わないのはおかしいのでは」という意見です。まさに正論。日本人に尊称を付けても外国人を呼び捨てならばダブルスタンダードそのものですからね。僕はその意見交換には参加しませんでしたが、以後、なるべく呼び名も平等を意識するようにしています。

もう1社の際コーポは全く違う社風、バンカラの方のT大学で応援団長を務めたN社長のワンマン体制です。月に二度開かれる朝からの社内会議も応援団で鍛えたというN社長の大声ばかり。N社長は40代半ばまで「まむし」と呼ばれたMさんの下で金融の世界にいた方で、それから20年で300店舗近い飲食チェーンを作られました。ある意味、素人だからこその料理長観もあるのでしょうが、我々料理長、板長たちに対する要求は高かったですね。僕は丸ビルの5階にある240席もの大型店のシェフを務めていましたが、一度、アルバイトの女性スタッフが個室でお客様の不興をかって会社に投書された時、「料理長なのに気が付かなかったのか？」と叱責されたことがあります。僕だけではなく、会議では毎回いろんな料理長が「料理長なのに」「料理長のクセに」と言われるのですから僕も改めて、料理長の仕事とは何かと考える機会となりました。

当時、僕が料理長を務めていた丸ビルのお店には、昭和のスターシェフがこぞって取り上げられたという『シェフ・シリーズ』に出ていた、僕より年配のレジェンドと呼ばれる方も何人もおられましたから、料理はもう信頼できる方々にお任せして、僕は調理場内の片付けや、機材の保全や修理のための本社への根回しなどに努めました。毎朝早く来て、届いた野菜や食材を各部署用に取り分ける。大きな冷凍室、冷蔵室に入って一目で分かるように整頓する。スタッフが仕事をしやすい環境を作るのも、料理長の大きな責務でしょう。

フランス料理は気取っている？

僕が日本に帰ってきたのが２０００年ですから、もう24年も経ちます。僕が日本に帰ってからでも、ハウスウェディングやトゥルヌードのロッシーニを立ち食いで食べてもらう俺のフレンチなど、いろいろなブームがありました。フランス料理を身近なものにという試みは、少しずつでも進んでいると思います。

僕は帰国してから4年後、千代田区麹町で20席のフランス料理店を6年間、自分がオーナーシェフとして経営しました。日本で本格フランス料理を提供する上で、調理をするという点では何も困ることはありませんでした。塩味を少しだけ控えめにすることと、日本だと残暑が長いので秋メニューが作りづらい、ぐらいが大きな違いで、ヨーロッパアルプスの仔羊は手に入らなくてもオーストラリア産で、カナダや北海道、青森から猪、エゾ鹿、鴨肉も調達できます。スイスの淡水魚やナイル河のカエルは手に入らないかもしれませんが、フランス料理にはあまり使わない真鯛でもスズキでも平目でも、日本で使用できる海産物は豊富にありますから。

ただ、フレンチレストランを経営してみて改めて、フランス料理＝気取っている、堅苦しくて苦手だという人が、つくづく多いことは実感しました。

明治維新と文明開化、条約改正のひとつの手段としての鹿鳴館、そして帝国ホテルの開業へと、どうしても日本の西洋料理、フランス料理が気取ったもの、お高くとまったものというイメージがつきまとうのは、ある程度仕方がないのでしょうか。

僕が麹町でお店をやっている時、パリの大使館勤務経験者でもある警察庁のK元長官が、よくお食事に見えていました。

たしか「犯罪被害者支援の会」でしたか、忘年会の席でのことです。全員が集まったところで同席していた一人の中年男性が「長官、僕はこんなところは苦手なんですよ。僕はソバ屋か寿司屋だと思って来たんです、何食べていいか分からないのですよ」とやや大きな声で訴えたのです。たしかにフレンチレストランのメニューには、分かる人には分かればいいというようなイジワルなカタカナ表記が多いですからね。

長官は笑いながら「まぁまぁ○○さん、それじゃあ私と同じものにしましょう」と言い、そして僕に向かって、「シェフ、今日のお薦めだと、何が食べやすいですかね?」と。

その男性と長官の二人分の料理を決めていただき、さすがに上手なさばき方だなと感心したものです。このように本当に声を荒げるというのはレアケースだと思いますが、ナイフ、フォークで食事するのは「いやいや……」という人は、かなり多いのではないでしょうか。

僕がフランス料理の修業を始めた頃は、日本におけるフランス料理界の「坂の上の雲」の時代だったと思います。

その頃の日本人のトップシェフたちの本では「もう師匠を抜いた」とか「自分の料理はフランス人以上だ」とかの文面が並び、木村尚三郎先生に「意気軒昂なのはけっこうだけど、常識を疑う」と苦言をもらうような時代でもありました。

そもそも、フランスのフランス料理と、日本のフランス料理を比べる意味はあまりないでしょう。フランスにおけるフランス料理と比較するべきなのは日本における日本料理でしょうし。

僕も自分のお店をやっていた時はまだまだ考え方が硬かったと思います。

フランス料理の基本は押さえつつも、日本人にも受け入れやすいフランス料理を作っていくのが、これからの課題でしょう。

日本の日本料理でも、フランスのフランス料理でも高級レストランになる際、Inaccessible（近寄れない、理解しづらい）の罠に落ちます。今やフランスでは見ることのできない、トゥルヌードロッシーニやオマールテルミドールが、天プラやハンバーグのように日本のビストロで進化していくこともあるでしょうし、フランス料理人として、これからも身近な食材で、気取らず、真に美味しいフランス料理を作っていきたいものだなと思っています。

日本のエスコフィエ

この写真を見てください。綺麗な勲章をかけて〝高帽〟と呼ばれる白いトックを被っている20歳くらいの見習い時代の僕の姿。お隣のI君が笑いをこらえているのが分かるように、僕の勲章ではありません。料理長から勲章を貸してもらったのか、コッソリかは忘れましたが、おフザケの1枚です。その勲章は、当時ホテルオークラの総料理長の小野正吉氏が日本支部長を務め、日本の多くのホテル料理長が会員となっていたエスコフィエ協会の勲章と肩章なのです。

オーギュスト・エスコフィエ氏（1846〜1935年）は南フランス、ニースにほど近いヴィルヌーヴ・ルーベで生まれ、13歳より料理の世界に入り、モンテカルロでホテル王と呼ばれることになるセザール・リッツ氏と出会い、スイス、パリ、ロンドン、ローマ、ニューヨークと世界各国でフランス料理の普及に努め、また、近代フランス料理の基礎を定めた偉大なるフランス料理の料理長です。

ある時そのエスコフィエが、コンデ公の料理長、というより執事長のヴァテル（1631〜1671年）の故事を聞かれたそうです。

コンデ公がご自分のシャンティイの城館に、国王14世を招待した時の話で、その日の宴会に使う予定の魚が間に合わず、ヴァテルが自らの剣で自殺した話が伝わっているのですが、「貴方ならどうしますか？」と問われたエスコフィエは、

「私なら、若鶏の胸肉で舌平目のフィレ肉と同じような料理をすぐさま作ってみせましょう」とスラスラとその料理法を披露したそうです。

エスコフィエは世界各国にフランス料理を広め、料理法を見直しただけではなく、調理場のシステムを築き、冷製料理、肉、魚、野菜スープ係と、今に続く各部門を設け、各部門ごとに担当シェフを置き、常に料理長が余裕を持って仕事にあたるように留意されたといいます。

調理場では、食材が手に入らない、思ったような味に達しない、欠員が出る等、大小のアクシデントがつきものですから、優れた料理長ならば、料理技術の引き出しや余裕のあるシステムで、うまく乗り切るべしとエスコフィエ氏は言いたいのだと思います。

ヴァテル氏の故事を引き合いに〝料理人って責任重大なんだぞ〟という話は、僕らの見習い時分にもよく聞かされましたが、その話をしてくれたAさんに「それで、その日の宴会はどうなったんですか？」と聞いても「ん……どうなったんだろうね？」とのこと。料理人側にどんなマイナス要因があっても、それで食事会はなくなりません。慌てずに、次の手を打てるのが良い料理長だということです。

そして偉大な料理長とは何なのか、次のエスコフィエのエピソードで分かってきます。

エスコフィエ氏はサヴォイホテルで、ウズラのローストのお客様に供された部分（胸肉）を外した残りの部分を、ほうろう引きの入れ物に入れて冷蔵庫に保管し、それを米と一緒に炊き上げ、「修道女のピラフ」と名付けてロンドンの貧民救済院へ届けていました。ほかにも自分のできる範囲で、救済院へ菓子類を用意するなどされていたといいます。また、料理人だけではなく、全ての退職労働者に対する年金交付の働きかけなどもされていて、この偉大なシェフには技術の引き出しだけではなく人間性の温かみもあって、さぞ尊敬されたことだろうと痛感します。

日本のエスコフィエも、登場してほしいです。

日本のエスコフィエとは、日本のホテルでフランス料理を作っている日本人シェフのことではありません。

日本料理を世界中に広げる和食料理人のことでしょう。エスコフィエは約100年前のシェフですから、僕がスイスやフランスの調理場で働いている時に、エスコフィエの料理や料理法は全く出てきません（帝国ホテルの村上ムッシュがパリのリッツに行かれた時はエスコフィエの弟子から、彼ならこうしないとか、エスコフィエ氏の仕事を習ったものだと聞きましたが）。

時代も違えばフランス料理と日本料理も違います。それでもフランスのフランス料理と日本の日本料理は、季節感を大事にするなど親和性もありますから、〝フランスのミシュランで、和食店で三ツ星を取る〟でも〝ナイフとフォークで食べるほうが向いている日本料理を作る〟でも、ぜひ日本から世界へ羽ばたく和食料理人に出てきてほしいと思います。

外務大臣を務めた安倍晋太郎氏は晩年、体調を崩されていたこともあり、専属の料理人（北京語の堪能な和食調理師です）を同行させて外国訪問をされていたそうです。ウィーン会議でフランス料理の夕食会を主催したタレーランではありませんが、日本の和食ももっと世界に打って出ることができるのではないでしょうか。

ダイアナ妃のエピソードから考える、日本料理を世界に広めるためのヒント

世界的に有名な、イギリス王室のダイアナ妃。昔のニュース映像を見ることもできますが、知られざるエピソードをひとつ紹介しましょう。

主催者がどなたか、そしてどのような会食だったのかは忘れましたが、日本でも指折りの高級料亭に招待されたダイアナ妃。次々と提供される料理のひとつひとつに、「とても美しい」「綺麗」と感想を述べつつも、決して口をつけることはなかった、という話です。

チャドの難民キャンプを訪れ、赤ちゃんなら大丈夫と手袋を外して素手で子どもを抱き上げ、「勇気あるプリンセス」と呼ばれたあのダイアナ妃ですらも、初めて目にする料理には口をつけることもできない（！）のですから、日本料理を世界の人々へ、とオダイモクを唱えるのは簡単でも、実現には多くの大きなハードルがあることでしょう。もちろん、来日中のダイアナ妃が、連日のハードスケジュールで体調を考え、食事を控えたという解釈もあるでしょう。

料理の世界で、ア、ラングレーズ英国風というのは、イギリス好きの方には失礼ですが「何も手をかけるな」となります。まあ、現場では水で茹でとけって感じですから英国生まれ英国育ちのダイアナ妃が、初来日で高級料亭の日本料理を目にすれば、綺麗でお菓子のような見たこともない料理が続いて、何となく食材が分かるところにだけ口をつけた、というのが真相でしょう。

こう言うと、高級料亭の板前さんたちに怒られそうですが、このダイアナ妃のエピソードが物語るように、一生懸命手をかけて、洗練された、まさに芸術的な一品に仕上げることが、かえって初めての方（特に外国の方）に敬遠される一因となっているのではないでしょうか？　もちろん、洗練された、本当の高級日本料理を日本に訪れた方に味わっていただきたい、という気持ちはよくわかります。

僕の西アフリカでの公邸料理人としての大先輩に熊谷喜八さんがおられます。彼は、世界のどの国、どんなに貧しい国々にも必ず中華料理のレストランがあるのに対して、日本料理はほとんどないという現実を、

「日本料理は繊細すぎるのでは」

と考え、キハチチャイナを発展させました。

僕が勤務した象牙海岸共和国でも中華レストランはたくさんあり、いろんな国籍のお客様で賑わっていますが、日本食レストランはひとつもありません。なぜ中華料理は受け入れられるのに、日本料理は受け入れられないのか？　世界に広めるためのヒントはここにあるのでは？　と思います。

もちろん僕は日本料理のプロではありません。僕にしろ、セネガルの熊谷さんや軍縮代表部の三國さんにしろ、公邸料理人としての業務で日本風料理を作っただけで本職はフランス料理ですから、日本料理の板前さんから見れば素人と同じですよね。

日本料理を世界に広める。そのためにまず必要なのはおおらかな気持ちでしょう。日本のフランス料理も、フランスのフランス料理とはかなり違います。どちらかといえば、本質とは違う、上澄みの料理がもてはやされているところもあります。日本料理が世界の人々に受け入れられるのも、あえて言えばB級料理の活躍があってのことでしょうから、ヤキトリ、テンプラ、から揚げ、とうふハンバーグでも、そんなの和食じゃない、みたいな感覚ではなく、何でもやってみよう、という若い板前さんに出てきてほしいです。もちろん、日本で和食の真髄を極める、味の分かった人にだけ食べてほしいという板前さんもいて良いと思いますが、はたして、味の分かる、または味が分からないとは、どういう基準で決まるのでしょうか？　「味の分からないお客さんはいらないよ！」と言う板前さんやシェフは劇画の中だけで、僕はお会いしたことはありませんが、それに近いことを口走る料理人はいなくはないのでヒヤリとします。

そもそもレストランって、なぜ、レストランと呼ぶのでしょうか？　前述した通りビストロは、ロシアのコサック兵のロシア語が語源といわれています。

まず、レストランはフランス生まれのフランス語で、フランス人は海外旅行に行って世界中で restaurant という表記を見ると誇らしく思うそうです（ちなみにイタリア人にとってのそれは pizza の文字といわれています）。

レストランの原型は、革命前夜のパリ、ルーブル宮の側でブーランジェさんのお店が pieds de mouton a la sauce blanche、要するに羊の足のクリーム煮をお客様に提供したのが最初だといわれています。当時の取り決めでは旅籠屋は仕出し屋から料理を取ることになっていましたから、通報でもされたのでしょうか、官権の方が押し入ってきました。その方の質問にブーランジェさんが、

「我々はここで、レストラションをしています。ここは、人々を修復させる場所なのです」

と答えたそうで、それでレストランという名称が付いたといわれています。修復させる場所なのですから、人体に栄養を、欲を言えば、美味しい食事で元気をつけてもらうのが我々の責務です。そう考えると、味の分からない客はいらないよ！　というわけにはいかないでしょう。そういうことを言う料理人さんにはぜひホームパーティーで腕を振るってもらいたいものです。もし本当に腕に、技術に自信がおありなら、それこそ自由自在。お客様の要望に応えられるのではないでしょうか？　僕はそこまでの腕はありませんから、お客様の希望、要望にはなるべく寄り添うように心がけています。

世界にはいろんな国、いろんな味覚の人々がいます。知らない国で腕試ししたいという若者は、大使館なら世界中にありますから、どうぞその門を叩いてみてください。

『真実と幸せの、どちらを選ぶべきか』

僕は勝手にフランス的命題と名付けていますが、ほんとの日本料理といってもロをつけてもらわなければ、何にもならないでしょう。ぜひ、世界に打って出る気概を持った若い料理人さんに期待します。

日・仏、料理人気質の違い

「フランス人は謝らない」

「外国人スタッフは働かない」

日本人の店長、料理長からこのような言葉をよく聞きますが、どこまで本当でしょうか？

僕が思うに、多くの日本人は日本での常識に捉われて外国の方を判断されているのではないでしょうか。日本は礼節の国、一方外国人は……みたいな小さな偏見もあるように感じます。当たり前ですが、国や地域によって常識は変わります。ヨーロッパでは、公共の交通機関で、お母さん一人だけでベビーカーを乗り降りさせることはあり得ません。近くにいる男性が必ず手助けをします。目の不自由な方には手を差し伸べますし、エレベーターでもメトロでも基本レディファーストです。東京の地下鉄で、女性が一人で赤ちゃんがいるベビーカーを乗り降りさせていたり、男性が女性を押し退けるようにドアに突進している場面に遭遇すれば、何と野蛮な国！　と、欧米人に思われても仕方がないのでは？

たしか、新聞社かテレビ局の元ロンドン駐在の方が本で書かれていましたが、多くのロンドン市民は、テレビの街頭インタビューで政治や外交問題について聞かれると、「自分には語る資格はないから」と、皆同じようなフレーズで意見を控えているそうです。あまりに同じような答えが続くので、学校の授業で習っているのでは？　と書いてありました。たしかに日本の街頭インタビューでは、政治が悪い！　だの、何々国がけしからん！だの、威勢のいい意見を聞くことが多いですから、「奥ゆかしい」のはどちらさんかな？　と思ってしまいますよね。

約束の時間より早く集合するのは日本の常識かもしれませんが、実は我々飲食店の現場では予約時間より早くお客様が来店されると「時間前なのに……」とブツブツ言いながらテーブルの用意をしているのが現状です。何でも日本が一番、みたいにならず、外国のスタッフを使うお店側も、どこの人でも生まれ育った国の常識は微妙に違うと考えて、柔軟な考え方で接することも必要かと思います。

日本人だからこうだとか、フランス人だからとか決めつけるのはナンセンスですが、フランスの料理人と日本の料理人の考え方、また、その調理場、システムにはどのような違いがあり、どの点が同じなのでしょうか？

まず、多くの日本人のフレンチシェフが書き残している通り、フランスの現場に入って安心するのは、日仏、同じシステム、同じ人員配置、言わば同じ土俵が用意されていることとです。日本とはいえプロの調理場にいた方なら、すぐに仕事に入ることができます。それはそうでしょう。明治維新以来、多くの先人が、フランスでフランス人がどのようにフランス料理を作っているのか、そして、それをどうやって日本に持ち帰れるのか、一生懸命考えてきたわけですから。日本人シェフが向こうに行って、あまりの違いに驚いた！という話は聞きませんしカナダ人でもドイツ人でも全く同じシステムで、何も変わらないよ！という意見が多いです。

システムだけ、配置だけではありません。仕事に対する心構え、向き合う気持ちも同じです。

僕がジュネーヴにいた時のある夜、星付きレストランのカフェテリア、ルームサービスと、次から次に注文が飛んできて僕ら料理人は料理に追われて、なかなか返事を返すことができませんでした。それでもオーダーは切れることなく、もう誰も返事すらしなくなりました。その時です。シェフのトミーが調理場の真ん中に陣取りました。

「皆さん、聞いていますか？　皆さん、聞いていますか？」

2回繰り返します。そして静まり返った調理場でトミーさんはこう続けます。

「返事をしなさい、返事を！」

言葉は綺麗ではありません。「ウイ　ウ　メルド」。

はい！　でもチキショー！　でもいいから、みんな返事をしなさいというところでしょうか？　もちろん、怒っているわけではありません、ニヤ！　と笑ってまた、シェフルームに戻って行きました。その日はまだまだ注文が途切れませんでしたが、あちこちでチキショー！　チキショー！　と言いながら、僕たちは料理を、仕事を続けました。

板前真三（西中熊二）さんの本『板前の気概』に、「板前の返事は『へい、よろしおす！』だけや」というくだりがありますが、板前でもシェフでも皆同じ。イヤもノンもない。やるしかないのです。板前さんでもシェフでも見習い君でも、気概を持って乗り越える。西も東も同じですよね。

それでは、その西と東、日本とフランスのキッチンは何が一番違うのでしょうか？

それは人です。人が違います。もちろん日本人でもフランス人でも個人差はありますし、同じ人間、同じ職業ですから白と黒というほどの違いはありません。たとえて言えば、同じような灰色の布地ではありますが色調や感触に違いがあり、フランスのほうが明るく、ばらつきはあっても破れにくく、日本のほうが地味で繊細、緻密に見えますが、少し脆くも感じます。読者のなかには驚く方もおられるでしょうが、日本の料理人さんが急に来なくなったり黙って辞めたりする人が多いのに対して、フランスでは、各自持っている「在籍証明書」を元に次の職場を決めますから任期中に勝手に辞める人はいません。「包丁1本さらしに巻いて」は日本風の考え方でしょう。繊細で真面目、やや堅物だけど打たれ弱い日本人、陽気でおおざっぱ、こだわりがなくタフなフランス人。こういうイメージがあります。

僕が霞友会館で見習いを始めて3、4年経った頃です。日本の晩御飯はヨーロッパよりかなり早い時間帯ですから、毎晩8時半ぐらいにキッチンの床を流します。僕も白い長靴にデッキブラシで隅々までゴシゴシとやります。年上の方たちは、もう後は帰るだけですから宴会場への通路に椅子を並べて料理長を中心に煙草を吸ったりもうお疲れ様モードです。僕ら若手も掃除を終え、そちらに向かいました。すると、ちょうど宴会場のマネージャーがやってきて料理長に困り顔でこう言いました。

「ムッシュ、帝国ホテルの方が来られて、今やってる大使パーティーを見たいと言ってるんですけどね」

霞友会館は外務省系のホテルですから毎月何件もの大使の壮行会を行いますが、帝国ホテルから料理人を連れていかれる大使も多いですから、わざわざ帝国ホテルから見学に来られたのでしょう。

その頃はまだ日本に外資系のホテルはなかったので、高級ホテルと言えば帝国ホテルかオークラという時代です。ん、と一瞬考えた料理長が僕に命じた一言は、

「おいナベ、行って追っ払ってこい！」

親分の命令は絶対ですから、僕はデッキブラシを持って宴会場に向かいました。するとそこにちょうど副マネージャーがいました。

「田辺さん、帝国ホテルの連中はどこですか？」

田辺さんは笑って、

「ナベちゃんなに、ムッシュから追い払えって言われたの？　もう帰ったよ……」

まあ、料理長にはお見通しだったのでしょう。帝国ホテルから見学希望でこられたのは宴会サービスとキッチンの方だそうですが、歓迎されていない雰囲気にUターンされたのでしょう。もちろん手順を踏んで、先方のシェフからうちの料理長に話があったなら別かもしれません。僕は小僧の分際ではありながら、良い機会になったかもしれないのにもったいないな、とモヤモヤしました。もちろん、日本人シェフもいろいろ、フランス人シェ

フもいろんなタイプがいますから一概には言えませんし、今はもう時代が違います。それでも仲間意識、風通しはフランスのほうが良いように思います。

フランス共和国の国家理念、自由、平等、博愛。フランスの現場キッチンで働いていると、特に平等を強く感じます。マサオ、俺たち同じだろ、同じ仲間だろって感じで、とてもやりやすいですね。もちろん、日本の調理場に不平等がある！　というほどの差はありませんが、やや日本の調理場にはある種の序列意識を感じます。ただ時代も人も変わりますから、昔みたいに八百屋さんや魚屋さんなどの業者さんより料理人が上だとか、ホールよりキッチンが上だとか、そういう意識の方はもういないとは思いますが。

ジュネーヴの勤務時にブルゴーニュだったか、ローヌアルプだったか、フランスの地方料理のプロモーションが一夜インターコンチネンタルの宴会場で開かれました。向こうからそうそうたるシェフが来てスイスの人に地方の美食を提供するディナーです。我々も誰が来ているのか興味津々。その時、いきなり僕は後ろから羽交い締めにされました。目の前には一皿。

「おい、ジャポネ、これ何だか分かるか？」

そうです、宴会場のキッチンからフランス人シェフたちがインターコンチネンタルのメインキッチンに挨拶に来てくれたのですね。小指の先ほどの白と黒のミニソーセージが丸いお皿に（交互に）並んでます。

「ブーダンですね、今夜のアミューズですか？」

「おお、ジャポネ、よく知ってるな！」

解放された僕は笑って見ている何人かのフランス人シェフをトミーさんのいるシェフルームに案内します。トミーさんもボキューズやブランなどフランス勤務は長いし二人のスーシェフもボキューズ上がりのフランス人ですから和気あいあいたるもので、ジュネーヴのキッチンは僕を含め外国人料理人は多いものの皆同じ仲間、という連帯感を強く感じました。言い換えると〝風通し〟がいいのです。


僕が昔フランスで働いていた頃、毎年多くの日本人の料理人さんが日本から（短期、長期は別として）フランスに料理の勉強に来ていました。

僕がまず最初に、彼ら、彼女らにアドヴァイスというかお願いしていたのは、「フランス語が喋れるようになってもむやみに謝ってはいけないよ」ということです。「エクスキユゼ・モア」なんて、よっぽど自分が、本当に失敗したなと納得した時だけしか言わないようにと念を押していました。

　僕はフランスで働く前、スイスのホテルで働いていて、そこではアジア諸国からのスタッフも多かったので、日本人をはじめアジア人のほうが欧米人よりも物腰が柔らかなのはよく理解できます。（今は分かりませんが）フランスのキッチンには日本人以外のアジア人はいなかったので、僕としてはよく、日本人の仲間にはもっと図々しく仕事したほうが良いよ、と発破をかけていました。少し失敗したと思っても、上司のフランス人の指示が悪かったと思ってサバサバやったほうが良いから、とも。

　サッカー元日本代表監督のハリルホジッチ氏が国際マッチで「倒された日本選手のほうが相手に謝っている」と嘆いていましたけれど、フランス人から見ても、日本が何でもかんでもペコペコ頭を下げるのは納得できません。また、本当に何回も失敗して頭を下げているとしたら、仕事ができない人だと判断されても仕方がないでしょう。そもそも失敗されると作業も時間も無駄になりますから。

　飲食の世界でも何の世界でも、未来は誰にも分からない以上、あいまいで手探り、そろりそろりの日本式よりは、上司が腹をくくって指示を出してテキパキやるフランス式のほうが風通しが良くて僕は好きです。

何人もの日本人がいる「ジョルジュ・ブラン」にいた頃、日本人同士で休日に食事に行ったり、一日の終わりに宿舎の食堂で一杯飲んだりしていましたが、その時よくリーガロイヤルホテルから研修に来ておられたMさんから、「ナベちゃんはフランス派だから」と笑われました。それってフランス人と仲が良いということだったのでしょうか。フランス派じゃなくて、せめて〝主流派〟と言ってほしいですよね。

調理場における日本とフランスの教育の違い

前述した通り、僕は10代の終わりに千代田区三番町のホテル霞友会館の洋食キッチンで修業を始めました。当時の教えのお陰で今もフランス料理の仕事を続けることができているのですから、当時の先輩方には足を向けて眠れません。

その時、「省略するな、省略するな！」とよく言われました。報・連・相もそうですが、料理作りもそうです。プロの現場は省略だらけなのですが、それでも省略しない、崩した料理じゃなくてちゃんとした作り方ができないといけないよ、と言われました。それはつまりこういうことです。

僕は30代の後半からパリで二度目の大使公邸勤務をしました。料理のレベルはミシュランガイドの一ツ星の上のほう、と自分なりの基準を持ちながら料理を作りましたがこれは僕が三ツ星勤務を経験したからできるのであって、その逆はありません。一ツ星勤務経験者には三ツ星の仕事は難しいのです。「そんなことはないでしょう。本やインターネットを見れば、誰でも作れるのでは？」という意見もあるでしょう。もちろん、料理学校の生徒さんでも、分量通りに作れば三ツ星の料理は作れます。ただ、二つ問題があります。

まず、プロの現場はどこでもそれなりの制約がありますから、揺れている船、クルーズ船ではなく小さな漁船の中で前後左右に揺れながらでも作れる、そのぐらいの腕が必要でしょう。そしてもうひとつ、作れるだけでは足りません。もし作れても、飲食店なら売れないといけませんし、大使公邸なら大使の好みに合わせなければなりません。全くのコピーだったら日本がばかにされます。そもそも大使館など、在外公館の料理は正確で美味しいだけではいけません。昔話となりますが、日本大使に招かれ大使公邸の食卓につくと、いつも同じメイン料理が出てくる。それも中欧のやや庶民的な一皿が……。何の意図があるのか？　と国務長官が訝った、という逸話もありますから、作れるだけではなくきちんと本質を理解して、その現場に合わせてアレンジして料理を作れなければならないでしょう。

こういったことを受けて、まずは省略しない、最高レベルの料理作りを覚えなさいというのが先輩方の教えだったのでしょう。

「捨て目、捨て耳だぞ！」

これもよく言われましたが、これは、見ていないようで見ておけ、聞いていないふりして聞いておけ。まあ、日本の調理場の伝統的な教え「盗んで覚えろ」ですよね。「いいかナベ、馬鹿も三年喋らないとわからん！　のだぞ」とも言われました。黙ってモクモクと働け、チラ見して、耳を澄まして、仕事を覚えていけ！　というところでしょうか。当時はそういう風潮でしたし、僕はそうやって仕事を覚えていきました。

ＴＢＳのドラマ『天皇の料理番』に、若き日の秋山徳三氏が、華族会館の見習い時代に西尾益吉料理長に食ってかかる場面があります。たしか「教えてくれないのは意地悪じゃないですか?」と。それに対する料理長の答えは「教えたら忘れる。だから教えない」でした。このセリフは、創作では作れないでしょう。このようなやりとりが実際にあったのだと思います。面白いのは、華族会館の西尾料理長はフランスの現場を経験した日本人シェフ第1号といわれていますが、その彼でさえ教えたら忘れる！　と断言していることです。これはもうその通りです。もちろん人それぞれですから一を聞いて十を知る人もおられるでしょうが、そのような人はまれです。聞けば教えてくれるならば覚える必要はない、となりがちです。

それではフランスではどうでしょう。

「僕は君の意見に反対だが、君が意見を言える立場は命をかけても守る」

これはフランス人の言論に対する心意気ですよね。僕も、フランスの現場でジャポネのくせにとか、マサオは黙っとけ、などと言われたことはありません、むしろ、どう思う？と聞かれるケースが多かったです。

効率で考えれば、何でも聞ける、何でも教えてくれるフランス式のほうが早くて便利です。日本社会の生産性の低さの原因がこの辺りにあるのは間違いありません。なんせ、盗んで覚えろの日本式だと、仕事に関する質問でもいちいちどの先輩に聞けば良いのかイジイジと考えなければいけません。相手を間違えると「自分で考えろ」だの、「愚問だよ」だのと言われてしまいます。また、自分が先輩のマネをしながら仕事を覚えてきた方のなかには、若い諸君に仕事を教えることが苦手な方も見受けられます。何を聞いても「昔からやっていた」としか答えられないのですから。

それでは、見習い君がシェフに向かってあっと驚くような初歩的な質問をしても許される（？）フランス式のほうが優れているのか、というとそれはどうでしょう。フランス人コックと働いていると、それはそれはお互い気楽です。分からないことは聞けば教えてもらえますし、目の前の仕事だけを集中して行えば良いのですから。その反面、周りを見ていない、先を見ていないなと、どうしても日本育ちの僕にはやや甘く感じられます。なんせ小僧時代には「周りを見ろ！」とよく言われて育ちましたから。それでは今度は日本式の盗んで覚えるほうが良いかといえば、さにあらず、前にも書いたように間違えて覚えている方や、何だか知ったかぶりでうやむやな仕事をされている方もいなくはありません。それに盗むという行為からくる暗さがありますよね。フランス人から見ると、教えてもいないのにいつの間にか仕事をこなす日本人はやや不気味な存在でしょう。たまに、「日本人はすぐにマネするからな」などと言われますし。

違いはあれ、優劣はないのでは？　と思います。要は、郷に入れば郷に従え。その国のシステム、考え方、やり方に合わせれば良いだけでしょう。学びて思わざれば即ち罔し。

とも言いますが、教えられるのは、あくまで表面だけ、その時だけの解決法などその場しのぎの仕事です。なんせプロの現場は料理学校ではなく、次から次へと仕事をこなさなければならないのですから。

教育方針や方法はさておき、これはもう、本人次第としか言えないのではないでしょうか。『星の王子さま』の中で賢者きつねが言うように、「心で見る」、そういう心がけで仕事を覚えていくほうが大成するのだと思います。

コラム　料理人の休日

読者の皆さんは、料理人の休日にどんなイメージがありますか？　食べ歩き、または自宅で家族に自慢の腕を振るう？　もちろんそういう方は多いですが、何もしない派や、食べ歩きといってもラーメングルメや赤提灯組など、それはもう人それぞれでしょう。僕はフットワークが軽いタイプですから、修業時代から、休みの日ほど早起きして日本なら築地、フランスなら朝市、また、ジュネーヴでは在留邦人有志とバスを借りてスイスのワイナリーを見学に行ったり、「ジョルジュ・ブラン」では相棒のフランクと、世界一の家禽（かきん）ミエラル社の鶏工場を見に行ったりしていました。

帝国ホテルとホテルオークラは日本の老舗ホテルの両雄と呼ばれていますが、帝国ホテルが外国の方を迎え入れるためのホテルとして洋食のみでスタートしたのに対して、オークラは和食も中華もテナント店ではなく社員料理人、いわば自前のスタッフを抱えています。僕の修業先の霞友会館でも、洋食和食で持ち回りの食事会を行っていました。幹事役に指命されると大変です。まだ携帯電話もない時代ですから、みんなでお店に集合というわけにはいきません。幹事役は必ず前もって下見に行って、駅のなかでの待ち合わせ場所の確保、そしてそこが駅から歩いて何分かリサーチ。うまくアテンドできないと「ナベ！　段取り悪いぞ！」ですから、休みの日にも、そうやって先輩方に鍛えてもらっていました。

和食の先輩の一人が、Oさんです。「山里」の何人かの板前仲間と志摩観光ホテルに「海の幸フランス料理」を食べに行かれるなど、勉強熱心な方です。ある時「屠殺場」を見たいと言われて、「ナベ、ちょっとお願いしてみろ」と。僕は昔も今も、世界中どこでも業者さんとは仲良しなので出入りの肉問屋さんに無理矢理お願いして、芝浦の屠殺場に見学に行きました。当然私服では入れませんので、朝早く肉問屋さんで待ち合わせして白衣に着替え、肉の匂いがこもるバンに揺られながら屠殺場に入ります。もちろん、自分たちだけではどこをどう見れば良いのか分かりませんから、問屋さんの案内で、生きているところから細かく解体されるところまで、また、牛以外に豚、鳥のブースまで見学をさせていただきました。帰りはまた問屋さんのバンに揺られて、着替えのためにに肉問屋さんに戻ったら、なんと僕ら二人のために社長室を空けて、わざわざ出前のお寿司まで用意してくださっていました。まあ昭和らしい話です。さすがにビールはありませんでしたが、朝から動きっぱなしで、僕も一段落とお寿司を食べていると、Oさんがやれやれという顔でこう言います。

「ナベ、おまえよく食えるな」

たしかに、屠殺場のなかは立ち上る湯気と、流れる血潮のやや凄惨な場所もあります。ただ、それだけではないでしょう。屠殺場に連れてこられた牛のうち何頭かは、自らの運命を悟り涙を浮かべるそうです。それでも、泣きながら、涙を流しながらも列を作って粛々と所定の場所（滑り台の一番上とお考えください）まで従順に歩いて行くのですから、優しいところのあるOさんは胸がいっぱいでお寿司に手が出なかったのでしょう。

今はもう、我々料理人だけではなく、食品の衛生安全面で関係者以外は屠殺場には入ることはできません。

今さら！　ですが、命をいただくわけですから、我々料理人はもちろん、皆、食べるということ、食べさせてもらえるということに、ありがたみ、感謝の気持ちを持つことが大事ではないでしょうか。

第六章　料理に学ぶ仕事の極意

職人の世界、料理人の世界とは

僕が続けてきた、料理人の世界とはどのような世界でしょうか？

どの職業にも、その世界の掟、ルールや文化、流行り廃りもあるでしょうが、昔から大切にされてきたことがあると思います。我々料理人の世界では、まず大事にされるのは腕。美味しい料理を作れるか否か、これが料理人の一番の評価、基準となります。

僕が「ジョルジュ・ブラン」の後にシェフアランと一緒に仕事をしていた時の話です。アランと親しい会社の社長さんから、会社の創立記念日の式典の料理を担当してもらいたいという要請を受け、僕ら（アラン夫妻、僕、洗い場のデャウー、辻フランス校からの研修の女性）は、ブールカン、ブレスの店を閉めて、一日がかりで、ジュネーヴにほど近いベルギャルドの町に向かいました。

街の郊外の古いお城がパーティー会場で、僕らはその近くの調理施設を借りて夕食会の準備をします。たしか、何百人というお客様ですから、僕らだけでは手が足りず、現地で仕出し屋さんの調理チームと一緒に料理を作ることとなりました。

フランスやイタリアなど、現地で修業された料理人さんなら納得されるかもしれませんが、僕のような、本当に語学を学んでいない、現場で学んだだけの者にとっては「いつもの仲間」と違う初顔合わせの料理人と仕事をするには、なかなか意思の疎通が難しく、また、先方も仕出し屋という仕事柄、日本人と働くのは初めてでしょうから、お互いギクシャクと仕込みを始めます。

メニューはシェフアランが書いており僕にとっては慣れた料理で、本来、右腕たる僕が現場をしきらなければいけないところですが、どうも準備が思うように進みません。もともと、僕らレストランの料理人と、僕らより歴史が古い仕出し屋さんの料理人は仕事のこだわりが違っています。僕もジュネーヴではスイス建国記念日のレセプション、「ジョルジュ・ブラン」でも、ブラン氏所有のエピソール城での結婚式の料理など、いわゆる、出張料理はよくやってましたが、僕らの考えだと、温かい料理を会場に運んで、そのままお皿に盛り付ければ良いとなるのですが、仕出し屋さんの料理人は、一度冷まさないと公道を運ぶことはできないと頑なで、（実は彼らのほうが正しいのですが）一緒に料理を作っていても距離が縮まるどころか、お互いに何を言っているんだという状態となりました。

そんな時、会場で打ち合わせを終えたシェフアランが戻ってきて、

「今のうちに腹ごしらえをしておこう」

と、急拵えの調理チームを集めて、皆で昼食をとることになりました。

「マサオ！　ジビエのパテ持ってきたか」

ジビエのパテ、とは秋冬にお店で出している、鹿や猪の切れ端や散弾が入りすぎた野鴨、野鳥の半身など、お客様にお出しできなかった部位を挽いて練り合わせた、レシピのない、アドリブで作るパテなのですが、僕がお店で作ったそのパテを一本切り分けてテーブルに出すと、一口食べたアランが「うん、旨い」。メガネにちょびヒゲの仕出し屋さんのシェフもその横で大きく頷いて笑顔で召し上がっています。部下の仕出し屋の料理人たちも一口食べては僕の顔を見るわけです。

（こいつ、なかなかやるな！）

なんといっても、仕出し屋さんの料理人はあまりアドリブで料理を作ることはないでしょう。もうこうなればしめたもので、同じ釜の飯を食う、ではありませんが、少しは見直してくれたのでしょう。以後、夕食会まではスムーズに準備が進んだものです。

職人世界の良さは、こういうところにあります。どこの国の人間でも、フランス語が下手でも、

「美味しい味を作り出せる」

たったこれだけで、同じフランス料理の仲間だと認めてもらえるわけですから、単純といえば単純、分かりやすい世界です。職人の世界は、腕さえあれば会話が成り立つ。そこが大きな魅力だと思います。まずは腕。腕がモノをいう世界です。

それでは二番目の基準は何かというと、料理が好き、仕事が好き、料理を、仕事を、楽しむ、この辺りも大きなポイントです。僕が「ジョルジュ・ブラン」で仕事をしていた時、スタッフの大半はヴォナス村の宿泊所で生活していました。お店の定休日に僕はよく、宿泊所のキッチン兼食堂で、日本人スタッフのための夕食を作っていました。なんせ、「ジョルジュ・ブラン」には、世界中から研修生が来ますから、日本人も常に4、5人いて、休みの日にお出かけする彼らのために、あんまりお金のない僕が晩御飯の支度をしていたのです（材料費は割り勘で徴収します）。

もちろん、宿泊者全員のためのキッチンですから、独り占めはできませんが、一人楽しく料理を作っていました。よく、フランス人の同僚が覗きに来ては、「マサオ、何作ってんの?」とか、「お！　スイス料理」とか、休みの次の日にも職場で「うまくできたか?」とか、料理の話をしていました。

やはり、その職業が好きであること、好きな者同士の連帯感は大事だと思います。イチロー選手など大リーグ、プロ野球の選手は引退したもののいまだに高校球児に野球を教えに全国を回ったり、女子野球チームと対戦したりと、野球が好きで野球を楽しんでいるのがよくわかりますよね。それが彼の信用、信頼に繋がっているのでしょう。

好きと、そうでないのとでは、仕事に対する熱量や熱意に差があります。器用に何でも作れる料理人と不器用でも熱心に取り組む料理人がいたら、後者は、無駄な仕事や回り道をしても仕事が好きならいつかは前者に追いつきます。足の遅い亀でも兎に追いつく、昔からの教えの通りでしょう。

楽聖ベートーヴェンの職人魂

「Il n'y a pas de règle qu'on ne peut blesser à cause de Schöner.」

これは、ベートーヴェンの残した仏語と独語チャンポン文章です。最後の一言だけがドイツ語で「さらに美しいためなら破り得ない規則はない」とでも訳しましょうか。

パリの15区の高層アパルトマンの一室で、僕は古いドイツ映画を見たことがあります。

ベートーヴェンの生涯を追った映画です。ドイツ語ですが、ストーリーはよく分かります。ケーブルTVでチャンネルをザッピングしている時に偶然見つけたのか、映画専門チャンネルの予告パンフレットで気がついて見たのか、今ははっきり覚えていませんが、モノクロ画面にドイツの美しい田園風景と彼の音楽が流れる中、物語は進み、ひとつの山場を迎えます。

歌劇「フィデリオ」の、試演の指揮をするシーンです。

もちろん、映画ですからドラマチックに脚色されていて、オーケストラの指揮をとる主人公ベートーヴェンの姿と、楽員の演奏姿を交互に映していくのですが、この先は皆さんご存じの通り。聴覚を失っている彼の指揮と楽員の奏でる音が合わなくなり、けげんな顔をした楽員が一人、また一人と演奏を止めていく。ベートーヴェンが一人指揮棒を振り続け、やがて全員が演奏を止め注視する輪の中で、気がついたベートーヴェンが取り乱し、「演奏を続けないでください」というメモを受け取って指揮台から飛び降りて走り去る。胸が痛くなるような悲劇的なシーンへと続きます。

映画はこの後、耳が聴こえない彼が作曲を続け、交響曲第9番の初演を終えお客様の拍手を目にする姿を描き、死の床に就いたベートーヴェンが息を引き取るや、あのデス・マスクとなってクレジットが流れるというラストシーンとなります。

1770年ドイツのボンで生まれたベートーヴェンが、フランス料理に何か直接関わったことはないと思います。同時代の作曲家ならば、若くして成功したイタリア人ロッシーニのほうがはるかに美食家でしょうし。そもそもフランス料理という古代から流れてきた大河を、一人の人間が大きく変えることはできないでしょう。

ただ、彼の『交響曲第9番　ニ短調作品125合唱付き』がEUの国歌と呼ばれているように、彼の生きた時代に旧体制から近代へと動き、彼も大切にしたその理念、人間の自由や平等という考えから、〝レストラン〟というものがフランスに生まれたのではないかと思います。

料理と音楽、専門分野は違いますが、彼こそ最高の、尊敬すべき職人の一人であるのは間違いありません。

ひとつは若い時から培ってきた、基礎音楽力でしょう。（モーツァルトには及ばぬものの）神童の一人としてハイドンや、あのアントニオ・サリエリにも作曲法を学んだといいますから、職人として技術者として、いかに最初の修業が大事かということです。

　そしてもうひとつは、難聴のためピアニストとしての道をあきらめても、作曲家として音楽で社会に奉仕するという、まさに自分の運命に打ち克つというその負けん気です。そこに職人の理想像を見る思いです。ある人がモーツァルトに、あなたはどうしてこんなに綺麗な楽譜を書くことができるのですか？　と聞いたところ「僕にはこのようにしか書けない」と答えたそうですから、モーツァルトファンには怒られそうですが、やはり彼は天才なのでしょう。ベートーヴェンにも天からいただいた才能はあるでしょうが、明確な意思の力を感じます。『運命』は、あのように彼に現れたのでしょうし、『田園』は、あのようにうに彼を迎え入れてくれるのでしょう。また、守らなければならない規則は何もない、という文面から交響曲の中に声楽を入れるという掟破りも信念に基づいていることだと分かります。今の時代にも、貴族の館で料理を作る料理長もいると思いますが、多くのシェフは彼と同じように、自由に料理を作ることができます。ご主人様のためだけではなく、多くの人に、自分で選んだ食材で自分の思いを込めて料理を提供することができるのですから、レストランという環境を作り育ててくれた先人に、感謝の気持ちをもつべきでしょう。

また、ここから先は僕の推理ですが、ベートーヴェンの九つの交響曲があれだけ〝キャラが立っている〟のには、逆に耳が悪かったのが影響しているのかな？　と考えています。

ホワイトカラーの読者の方には少し分かりづらい話かもしれません。でも、長年、手作業をなさっている人にはよく理解していただけると思います。例えば僕のように、もう30年も40年も毎日料理を作っていると、食材と手の先が会話して、勝手に料理を作ってくれることもあります。若い時だと、ノートに書いた分量を見ながら料理を作るのですが。もちろん何でも作れるというわけではありませんが、慣れ親しんだ食材なら、何と言いましょうか、先に頭で着地点を見つけて自分の感覚で作れるように、皆なると思います。

エスコフィエが、若鶏の胸肉で届かなかった舌平目の代わりの料理を作ってみましょう、とお答えになったのも、長年の経験から逆算して似たような料理を作れますから、とそういう意味だと思います。

もちろん、僕はただ作れるというレベルですから、もし、自分が本当に味覚を失って、調理場で若い諸君から「シェフ、もう味見をしないでください」と言われたら、彼のように立ち直れるでしょうか。

（僕はもう運命を受け入れてしまうのでは？）

健康に留意して、自分の与えられた仕事で社会に奉仕する。せめてこの気持ちだけは、負けないようにしたいと思います。

僕の好きな言葉にアラン・シャペルのLa cuisine, c'est beaucoup plus que des recettes『料理―ルセットをはるかにしのぐもの』というものがあります。〝超える〟ものだという訳もありますが、料理というものは作り方を〝はるかに〟しのぐ、その〝はるかに〟という邦訳がとても綺麗です。先にあげた（仏独語のチャンポンですが）ベートーヴェンの言葉もとても素晴らしい一文だと思います。

グランシェフとただのシェフの違い

これまでにも少し触れましたが、僕はホテルやレストラン勤務も長いものの、東京千代田区麹町で小さいながらも自分で経営するお店を6年ほど続けることができました。毎年春先に麹町税務署に確定申告に行くのですが、毎年決まったように係の方から「渡邉さん、家賃のために働いてますね」と言われます。一年のうち3月、11月、12月、この3カ月のみ黒字で、そこで他の月の赤字を埋めておつりを作るわけですから風邪を引く余裕すらありません。

キッチンは6年間基本、僕一人。一人でメニューを作って、一人で買い物に行って一人で仕込みをしてからオープンです。今までのように、キッチン内に先輩や仲間はいません。その代わり、違う人間関係ができます。銀行の方、保健所、税務署、社会保険労務士、そういう人たちから、料理を作るのとはまた違うことを学ぶのですが、やはり、いちばん学ぶのはお客様から。来店いただくお客様の何気ない一言、しぐさや立ち居振る舞いから学びます。

秋の深まったある夜、お店の電話が鳴りました。

「こちら、帝国ホテルです」

最初は日本人の日本語ですが、途中から「レセゾン」のシェフテュエリー・ヴォアザンに代わります。予約の電話で、総料理長の田中健一郎さんを連れてディナーに来るとのことです。さっそく、オークラの山里に帰ってきていたOさんに電話しました。ちなみにOさんはオークラから外務省の飯倉公館への出張パーティーによく行かれて、お客様から、帝国ホテルの田中さんに似ていると言われるのが自慢です。まあ、日本人の料理人で帝国ホテルの総料理長に似ていると言われて喜ばない方はいないでしょう。実は僕も小僧時代に、ホテルオークラの初期メンバーで当時の僕から見たらお祖父さんみたいな方々から「君はセンチュリーハイアットに行った岡村君に似てる」と言われて、小さな自信を持つことができたのです。

電話に出たOさん。

「なにナベ、田中さん来るの？　なるべく高いメニューにしなよ」

悪いことを言う人です。残念ながら、予約の電話時点で月代わりの季節のコースと決めてあります。

さて、予約当日。貸し切りでもなく、一日一組のお店でもありませんから、他のお客様への料理作りに追われて、予約時間のほんの少し前に僕はお店の入り口に出ました。

僕は小さいながらもこのお店の経営者で、予約された三人はお客様です。いつも時間をとれるわけではありませんが、お客様にお代を払っていただいて生活が成り立つわけですからなるべくお客様を迎えるようにはしています。まして、今夜のお客様は帝国ホテルの総料理長。まあ、我々の世界では「ニッポンの首領」ですよね。

急にキッチンから外に出たせいか、目が慣れていなかったのでしょう。いきなり目の前に中年の男性が現れ、姿勢を正して立っています。帝国ホテルの田中総料理長です。そし

て、

「本日は勉強させていただきます」

この言葉には、素直に、「負けた」と感じました。表現は変かもしれませんが。やはり帝国ホテルの総料理長、この方なら海千山千の料理人も各セクションの関係者も人柄を慕ってついて来るだろう、と思わせます。実るほど頭（こうべ）を垂れるとはこういうことか、僕も見習わないとと実感させていただきました。

さて、その田中総料理長、日本各地でサミットなど大きな国際会議が行われる際、お手伝いに駆けつけるそうです。手弁当なのか開催地のホテルの要請なのかは僕には分かりませんが、主要国の首脳が会するディナーのキッチンに一人でも経験者がいれば現地のキッチンスタッフはとても安心して仕事ができます。もちろん、外務省にはロジの専門家がいますから毎回顔を出す方も多いでしょう。それでも同じコックコートを着た仲間が、洞爺湖ではこうだった、どこどこでは……と話をしてくれるだけでホッとするはずです。

それでは何ゆえに、田中料理長は現地に行くのでしょう？　ご自分の勉強のためではないでしょう。やはりニッポンフレンチのため、日本のため、仲間のために駆けつけているのだと思います。自分のためではなく人のために働く、これがただのシェフとグランシェフの違いでしょう。

僕がブールカンブレスからパリの日本国大使館へ向かう少し前、1カ月の有給を取っているる「ジョルジュ・ブラン」のメンバー数人とリヨンの展示場にパティシエの世界大会を見にいきました。

オープニングセレモニーの最初は神戸の震災の犠牲者に対する黙祷から始まります。残念ながら日本の飲食界の催し物でこのようなことは経験したことはありません。そして、各国の代表チームが登壇します。やがて初出場の中国のパティシエチームが現れました。その時、クープ・ド・モンド創設者のパイヤソン氏と共に壇上にいたボキューズ氏が、やあよく来てくれたと、一人ひとりと肩を抱き記念撮影を始めました。当時の中国の方はまだ小柄ですから大きなボキューズと子どものような中国人パティシエの撮影会です。日本の式典のように時間割はありませんから会場からもフラッシュが焚かれています。実は僕もボキューズと肩を組んで写真を撮ったことがあります。お前がマサオか、よくフランスまで来た。頑張れよ！　本当にそんな気持ちが伝わってきます（僕の写ルンですのフラシュが作動せずに写真は真っ暗でしたが）。

ボキューズ、ブラン両者に挟まれてカメラに向かったのはヴォナス村郊外のエピソール城で、「ジョルジュ・ブラン」の宴会場でもあります。お城から「ジョルジュ・ブラン」のキッチンに戻ってボキューズと肩を組んで写真を撮ってきたと仲間に言うとフランス人のパティシエの女性がこう言います。

「あらマサオ、雲の上を歩いて帰ってきたのね！」

なるほど、こう使うのですね。やはり「偉大なるフランス料理の大使」と呼ばれるボキューズです。「クープ・ド・モンドにわざわざ中国からありがとう」という気持ちが伝わってきます。日本でもフランスでも、自分のためではなく、人のため、仲間のため、国のために働くシェフこそグランシェフと呼ばれるのでしょう。

大切なのは、カメレオンの姿勢

僕が初めて霞友会館のキッチンに入って、何が一番美味しく感じたかというと、なんと自分で作る（というか作り方を教えてもらった）マヨネーズなんです。市販のマヨネーズに比べて卵黄の比率が多くてプリンプリンしています。サンドイッチ等パンに塗るには硬すぎるので、わざわざ牛乳で伸ばして使っていたほどです。

なんでそんなマヨネーズを作っていたかといえば、宴会料理でボイルされたロブスターにホイップクリームのように絞っていたのですね。今の若い人からは、そんな料理をやってたのですか？　と笑われそうですがなんせ僕は田舎の出ですから東京のホテルはすごいな、とただ感心してました。

毎日毎日、ランチ前、ディナー前にレストランの営業用にフォンドヴォー（仔牛の茶色いフォン）、鶏のブイヨン、魚のフュメを、ストーブの横に、一度火を通して（沸かして）用意しておくのですが、鶏のブイヨンはともかく、仔牛のフォンも舌平目100％で作った魚のフュメも、いったいどこが美味しいのか？　少しも美味しいとは思わぬまま、先輩方に言われる通り用意していたのですが、まさに習うより慣れろの典型で、「ちょっと薄い」だの「あまりつなぐな」だの「バカ、つめすぎ！」だのと怒られながら修正し、味や色合い、香りなどを覚えていくのが一般的だったと思います。

「誰でも料理はできるけど、ソース作りには生まれ持っての才能が必要だ」、フランスにはそういうコトワザがあるそうです。まぁこれは絵画や音楽と同じでしょうが、本人次第だと思います。

プロのキッチンでは、まず毎日持続可能な同じ水準の料理が求められます。同じ大きさ、同じ形にモノを切る、同じ焼き加減で魚や肉を焼く、同じ形にオムレツを焼く。肉、魚、野菜、ワイン、小麦粉、卵、塩、胡椒、砂糖など、食材の足し算、掛け算をやって、また、引き算、割り算を覚えて、自由自在に料理を作るようになるのが料理人にとっての第一歩でしょう。

そして「郷に入れば郷に従う」という柔軟性と、そしてノーベル賞を受賞された本庶佑先生の言われる通り、教科書を疑う抜け目のないカメレオンのような姿勢が必要でしょう。世の中は次々と変化していきます。ルール一辺倒では生きていけません。

僕が西アフリカで大使館に勤務していた30年前、大使公邸のサロンにはお客様用に日本のタバコが用意されていました。僕がフランスにいた20年前でも高級レストランでは食後の葉巻のワゴンサービスを見ることができましたし。マンガの世界ですが、『味いちもんめ』（あべ善太原作、倉田よしみ作画、小学館）の調理場の中で、親方が「ジュボッ」とライターでタバコに火をつけている場面もありましたよね。

マリナーズのイチロー選手が深夜の引退会見でこうおっしゃっています。

「他人より、上手になんかなれませんよ。前の日の自分より、少しでも上手になるだけです」と。

職人、技術者として生きていこうという人は、皆、そういう気持ちで仕事に臨んでほしいと思います。人より上手にオムレツを焼きたい、人より早くソーシエになりたいなど、人より早くとか人より上手とか言っていても、そんなことは調理場に入って4年も5年も過ごせば、皆同じです。

「早く、正確に」は調理の仕事の基本ですが、それだけなら工場にある機械と同じですから。

仕事にマニュアルは必要ですか？

皆さんは、竜崎伸也さんをご存じですか？　僕が仕事をする上で、いちばんのお手本としている方です。仕事に真摯に向き合い、常に冷静で合理的。警察庁の官房総務課長を務め、身内の不祥事により一警察署長に降格された後も、上司にも部下にも、また、地域の住人にも同じ姿勢で臨み、事件の捜査にあたっては、前例や、今までの常識にこだわることなく理詰めで解決に導く……。竜崎氏の仕事ぶりを見ていると、気配り気がね、忖度など、人間関係の煩わしさを越えた直球勝負ぶりに、まさにスカッとした読後感を味わうことができます。

そうです。竜崎伸也さんは架空の人物。今野敏さんの警察小説『隠蔽捜査』シリーズ（新潮社）の主人公なのです。フィクション、作り物の世界だから、スカッ！　とするのかもしれませんね。僕の知っている警察の方は、もう少し複雑と言いましょうか、ドラマの主人公のように一直線ではありません。K元長官ならこうです。救急へリネットワークや犯罪被害者の会など、一般（？）の方と食事に来られる時は、いつもニコニコ温顔に笑顔を絶やすことはありません。前述したように、フランス料理が苦手という方にも笑顔のまま、巧く丸め込んでしまうような、味なさばきもおできになります。

ある日の夕方、お店の電話が鳴ります。

「Kですが。今晩三人で席は空いてますか？」

電話をとった僕が「あっ長官ですね」と言葉を返すと「もう夕刊です」と、全国何万人の警察官が脱力するような親父ギャグを飛ばす時もあります。しかし、いざ警察仲間の食事会（だいたい貸し切り）だと、ニコニコ顔から表情が、一変。

「おい、カネモト！　おまえＸＸどうした」「おいキタムラおまえ」と、どこぞの親分さんかのような貫禄です。

フィクションの主人公ではなく、本物の人間は、やはりいくつもの顔を持っていて、それを巧く使い回しているのではないでしょうか。一筋縄ではいかんものという気がいたします。

少し性質は違いますが、現実の世界は一筋縄ではいかないなと感じたエピソードをもう一つ紹介します。

僕はこれまで、パリの大使公邸のシェフを務めた後半２年ほどユネスコ事務局長選挙の関連の食事会で、世界各国のユネスコ大使や、代表、関係者に料理を作ってきた、ということを書いてきましたが、そのなかで、立候補者たるＭ大使と僕との間では、こういう料理を作ってほしいとか、ワインのレベルがこのぐらい、とか、予算は、などの話をしたことがないのです。ユネスコ事務局長選挙のユの字も発したことがありません。もちろん、日本政府がユネスコの事務局長のポストにＭフランス大使を擁立するという記事はロンドン版の朝日新聞の１面に載るようなニュースですから、（僕は世界中どこでもキッチンでしか働いたことはありませんが）テレビドラマであれば、会社のオフィスならスーツ姿、研究所や工場なら作業着姿で「ＸＸ君、少し仕事が増えるけど……」と、期間はこれだけ、予算は、品質は等々の会話があるところでしょう。一方でこちらは、全く何の打ち合わせもありません。いつものように週に何回か朝食の席で翌週の打ち合わせをして、料理、ワインを決め、僕はそのメニューに従って料理を仕事を進めてきました。

テレビドラマなら、「やあ、よろしく頼むよ」でしょうが、実際には、大使から僕に何の指示もないのです。忙しくて言うのを忘れていた？（だとしても、儀典のI君が言うだろうし……）それとも、僕は今も昔も友達が多いので、余計なことをよそで喋られたらかなわんと思ったのか？　など、いろいろな理由が考えられますが、もうお仕えして二年は経っていましたから、何の指示もないのなら今まで通りで良いというお考えなのだろうなと解釈しました。

僕は、それからも正統的なフランス料理を季節やワインに合わせて、また、世界各国のお客様ですから宗教や、地域の好みを勘案して、料理を作っていきました。分かりやすく言うと、日本の日本料理に四季や品格があるように、フランスのフランス料理にも、季節や、品のある食材、料理法があります。美味しいからといって串焼きのホルモンが料亭の献立に（そのままでは）出せないように、網焼きのタンドロン（仔牛の骨付きバラ肉）は、ピクニックならともかく公式な食事会では出さないようにしています。そんな風にして僕は国際標準に合わせたフランス料理を心がけました。

今流行りの言葉、忖度そのものですが、M大使からすると、何も指示をしない、というのが僕に対する一番の操縦法で、その時のベストの選択だったのでしょう。

もちろん、僕のようなフランスで選抜されたシェフは少数派ですから日本での修業だけの公邸料理人（初めての海外勤務が公邸料理人という方が多いのですから）には、大使がその時々でいろんな指示を与えるでしょう。

仕事は、ある意味、結果が求められますが、M大使の何も指示をしないという仕事の選択が一番の良い結果に繋がったのではと思います。

K元長官のエピソードやこのM大使のエピソードから分かるように、現実は一筋縄ではいきません。その都度、臨機応変な対応が求められます。極論ではありますが、そういった意味では、仕事に決まったマニュアルはないのかもしれません。

仕事は天の贈り物

仕事の報酬は仕事、という言葉がありますね。キッチンでもよく使われるので、僕はどなたか調理の世界の重鎮のお言葉かと思っていましたが、担当の編集者に調べてもらったところ、ソニーグループ創業者の井深さんのお言葉だそうです。井深さんは含蓄のあるお言葉をいくつも残されていますね。たしか「少数になれば精鋭になる」もそうですね。

人事を尽くして天命を待つ、という言葉もあるように、仕事もいうならば天から降ってくる天命であって、それゆえ仕事が降ってくる確率の高い人、低い人も存在すると思います。

僕がパリの大使公邸でお仕えした、M大使、Mユネスコ事務局長を見ていると、いろいろな側面から、こういう方なら仕事が降ってくるだろう、と感じます。

パリは、とても美しく魅力のある都市です。M大使が、少しでも長くパリでの生活を送りたいからとユネスコ事務局長のポストを望んでいたかといえば、それは全くありません。ユネスコどころか、駐フランス大使の任期が終われば、次はまた、別のポストの大使をお考えになっていたと推察されます。M大使からすれば、長い外交官、外務省の最後のポストがフランス大使になることなど考えてもいなかった、というのが本当のところでしょう。

　僕が2000年にフランス大使館シェフの仕事を終えて帰国する際、当事大使館の事務を統括していたS総務書記官が「僕が渡邉さんの送別会、やってあげるね」と自らおっしゃってくださり、メンバーを集めてパリの小さなレストランで僕の送別会を開いていただきましたが、24年経ち、今はそのS氏が駐フランス大使を務めています。

　その他、法制局長官を務め、安保法整備に尽力されたK元フランス大使は、外交官駆け出しの頃には在フランス大使館の政務班で警察庁から出向のK長官と机を並べています。

　このように、歴代の駐フランス大使は、皆さん若い書記官から参事官、公使としてフランス大使館に何度も勤務され、フランス語外交官の最終ポストとしてフランス大使に就かれる方がほとんどです。

　M大使のようにアメリカの大学で研修された方がフランス大使になるという話は珍しく、本人も驚かれたことでしょう。M大使はいつも変わらず、ニコニコとご機嫌な方です。M大使が着任されてまもなく、本省から査察の大使が出張されてきました。彼の家は代々フランス大使を出す日本のフランス外交官の名門で、ご本人も三代前にフランス大使を務めています。お二人だけの打ち合わせを兼ねたランチにお見えになった元大使の朗らかな声が聞こえてきます。

「M大使、いやぁ、よく君がフランス大使になるのをみんなが認めたなあ」

イヤ驚いたよ！　という感じはよく伝わります。僕は食堂横のキッチンで話し声しか聞こえませんが、M大使はいつも通り笑顔で「いや、どうも」とお話をされてます。これは、いつも変わりません。僕が5年と半年、週に何回か朝食の席にお邪魔して、翌週の打ち合わせに伺う際も、いつも変わらず「やあ、渡邉君」です。僕と大使の間で仕事の話といっても料理の献立や、ワインの選定「だけ」ですからあまり参考にはならないかもしれませんが、多分、どのような場面でも、力むことなく、慌てることなく、また、嫌な顔をすることも逃げることもなく、いつも淡々とお仕事をこなしているのでは、と思います。

そのような姿勢が、彼ならフランス大使もできる、彼ならユネスコの事務局長もできるはずと感じさせる所以でしょう。周りの後押しもあるでしょうが、「天から仕事が降ってくる」「仕事の報酬は仕事」とは、そういうことなのかなと思います。

「向こう傷を恐れるな」

料理人は基本立ちっぱなしで、机の前に座って何かをじーっと考えこむような仕事ではありません。てきぱき仕事を進める。お客様の注文が続くなかで、あまり細かな口出しもできませんから、日本でもフランスでも基本的に舌で覚える、見て覚える世界です。お客様だって、もう少し塩をするようにとか、甘みが足りない、なんて言ってくれませんから……。

そんななか、若い職人さん（料理人さん）にとって、卓抜した技術のある料理長の下で仕事を学ぶことは、お金には代えられない経験と言えると思います。では、これを雇うほう、教える立場から見たらどうでしょうか？

僕が若い料理人さんに、料理、または仕事を教える立場で何を考えているかというと、まず、自分の経験を押し付けないということです。

「賢者は歴史に学び、愚者は経験に学ぶ」という言葉がありますが、僕は、歴史とは、昔から残ってきた料理や仕事の考え方、季節の捉え方や旬の食材の組み合わせ、という風に捉えています。もちろん、どこの調理場でも、そこに何らかのアレンジをして個性を出してお客様に料理を提供しているのですが、まずは、正統的な料理、考え方を伝えるべきだと思っています。もちろん、経験というのは貴重なもので、教科書には出てこない、いろいろな考え方の宝庫ですが、あくまで一過性のもので、その場、その時のベターな方法としか言えません。それに、自分の経験は自分だけの解決法でもありますから、人それぞれ、自分で考えて自分に合った仕事の進め方で世の中を渡ってほしいと考えています。

人には〝器用、不器用〟、〝ヤル気が見える、見えない〟、〝覚えが早い、遅い〟など、得手、不得手があり、性格も千差万別です。

雇う側からすれば、年を取れば腰が重くもなるし、得てして、気が利いて器用に働いてくれる若い人を望むようになりがちです。しかし、器用な人、忖度できる人ばかりが重宝されるとは限りません。飲みこみが早く器用に働ける人ほど、器用に辞めて、次の勉強の場を探していく傾向がありますから、不器用でもコツコツ長く勤めてくれる料理人も大切なのです。料理長が巧くバランスを取って、調理場を作ってくれるでしょう。そして、これから調理場に入ってくる皆さんは、器用な方は器用なりに、鈍い方は鈍いなりに、自分の長所をいかしながら仕事を覚えていってほしいです。

また、料理人の世界には国境はありません。日本人だからどうだとか、フランス人だからどうだとか、アフリカ人だからどうだとか言えるほど単純なものではなく、国籍で一方的に料理人の性格を決めるのは難しいです。

僕は福岡・博多の生まれですが、博多の人間だからうまい魚の味が分かるだろうとか、九州の人間だから酒飲みだろうと言われても困ります。たしかにスイス人やドイツ人の料理人の仕事は少し堅いし、ラテン系の料理人はテキトーなところがあってオシャレでもありますが、〝日本人だからアリのように働く〟と言われても……というくらいのもので、当たり前ですが、一人ひとり皆違います。

〝人は石垣〟とも言いますが、個性（カタチ）の違う料理人の集まりでうまく石垣を作り、穴が開きそうなところに自ら進んで綻びを押さえつつ、日々の仕事を進めていくのが、料理長の仕事かもしれません。

料理人の世界に国境はありません。国境はありませんが、話す言葉や習慣、肌や瞳の色が違う以上、この世の中から差別や偏見、悪口、いじめはなくならないでしょう。修業の旅とは、すなわち「他人の釜の飯を喰う」ことですから、違う環境、違う国で、違うルールの中でも自分の力を発揮できるのか、その工夫が人間の幅を広げるのではないでしょうか。

こういうこともありました。以前ブレスでシェフアランと仕事をしていた時に、珍しく風邪をこじらせて、3日ほど寝込んでしまったことがあります。風邪を引くのは仕方ないのですが、寝こんでしまうのはプロの料理人として不覚の一言。料理を作るどころか立つこともままならないので部屋に籠ってひたすら寝ていました。

「マサオ、起きてる？　食事持ってきたから、食べたら外に置いといて」

マダムや子どもたちが交互に食事のお盆を持ってきます。家の中に病人がいる時の対応は日本もフランスも全く同じです。

ある日の夕食にアランが野菜のポタージュスープを作ってくれました。なるほど……。昔のフランス語の教科書[注6]に「フランス人は昼にポタージュを食べない、ポタージュは夜食べるもの」という有名なくだりがありますが、納得です。日本人が思うスープ、また、レストランのスープとは全く違います。いろんな野菜の入ったおかゆのような代物で、SOUPER（夜食）というフランス語もよく理解できます。

風邪を引いて寝込んでしまうのは不覚ですが、いくら日本で本を読んでも、動画を見ても、フランス人の考える本当のスープは分からなかったのではないでしょうか。

　僕の初めてのヨーロッパ勤務はジュネーヴのホテルで配属はガルドマンジェ。日本ではサラダ場などと呼びますが。サラダ、オードブルの担当でした。部門シェフはフランス人で、そこまでは想定内なのですが、直属の上司がイギリス人の女の子（失礼）だったのは参りました。今は日本も女性コックさんが多くなりましたが、僕の修業時代にはほぼゼロで、男社会の中で育ったので、恐る恐る、お互い下手なフランス語で仕事を進めます。何かと僕がへまをすれば「ジーザス！」などと言って睨まれるので最初は参りました。もちろんじきに慣れましたが、想定外のハードルが待っていて、それを乗り越えていくのが修業の旅だと思います。

　これまでも述べてきたように舞台はいつもキッチンながら僕は数多くの国籍の仲間と仕事をしてきました。当たり前ですが、職人の世界では人柄と腕が勝負ですから、国籍は関係ありません。人間なんて皆同じですから、恐れることはありませんよ。なので、日本で腕を磨いたら、ぜひ本場で修業を行ってほしいと思います。それは料理に限った話ではなく、中国と、フレンチの方ならフランス、イタリア料理人ならイタリア、中華料理なら家でも植木職人でも音楽家でも、本場ではどうやっているのか、そして頂（いただき）には何があるのか知りたくなるのではないでしょうか。それに対してなぜ？　と問うのはあまり意味がないでしょう。登山家ジョージ・マロリーは次の言葉を残しています。「そこに山があるからだ」と。

仕事の醍醐味とは

それでは仕事とは何でしょう。仕事のコツ、ノウハウ、早い、遅い、緻密、甘い、綺麗。「仕事」とはいったい何でしょうか？

さて、もう時効になったであろう話があります。当時は秘密の話でしたが、今となってはもう傷つく人もいないでしょう。驚かれる人は何人かいるかもしれませんが、少し昔話をさせていただきます。

僕がまた「おい、ナベ！」と呼ばれていた見習い小僧の頃のお話です。

飲食の世界では、今も昔も、街のレストランとホテルとでは福利厚生などかなり待遇が違います。職人としてどちらがいいのかはともかく、ホテル勤務者のほうが多く休日を取ることができます。僕の小僧時代でもそうで、今以上に格差は大きかったのでは、と思われます。当時、僕が働いていた霞友会館では、本社と呼ばれるホテルオークラから出向の社員のコックさんが、料理長、副料理長をはじめ7、8人、その下に僕ら見習い兼アルバイトの若いコックさんが3、4人勤務していました。本社から出向の社員さんと現地雇いで二種類に分かれていたと考えれば良いと思います。

社員だと有給などいろいろなシステムがありますが、どの部署でも現地社員はいなかったので、現地雇いは長期アルバイトという扱いになります。

僕が見習いから料理人の道を歩み始めて3、4年目のことだと思います。春から初夏にかけてのある日のこと、毎月の勤務シフトを作る社員のコックさんから我々アルバイトに次のような話がありました。

「料理長が君たちアルバイトにも夏休みを取らせたいと考えている。そこで、アルバイト諸君には、それぞれ相談して（重ならないように）3日間の休みを取らせる。その特別な休暇には、代わりに社員を担当させて休みのバイトのタイムカードを押させることにする」

驚きの計画です。

もちろん、絶対に人に話すな！　と念を押されます。仕事もしないのに給料が出るわけですから今も昔も違法なのは間違いありません。まず、こっそり休みを取る僕らより、僕らの代わりに他人のタイムカードを押す社員コックさんのプレッシャーのほうが大きかったでしょう。

ホテルの場合、フロントと呼ばれるお客様にカギをお渡しするスペースの裏側に事務室があって、そこにタイムカードが設置されているので、支配人や会計、営業などの前で人のタイムカード（自分の分もあります）を押すことになります。もしとがめられたらと、ヒヤヒヤされたことと思います。

僕はたしか二回そんな夏休みをいただいた記憶があります。その後はアフリカ、スイス、フランスと修業の旅へ出てしまったのでそのシステムがいつまで続いていたのか分かりません。今はもう昔と違って、アルバイトでもある程度有給等はあるでしょうし。ただ、僕自身は少しだけ反感を持っていたのでしょうか、夏が近づいてもなかなかその3日間の休みの日を決めずにいました。「ナベが決めないと他のアルバイトの人が取りづらいから早く決めてくれ」と言われたりしましたが、わざわざその休みに、福岡で、フロント勤務の社員さんと飲みに行ったりしていました。子ども心（小僧心でしょうか）に、（今さらですが）ほんの少しだけ反発していたのかもな、と思います。

なんせ、いつも勤務している洋食のキッチンの隣り合わせに和食の調理場があり、和食には和食の見習いアルバイトが鍋をつかむ大きなペンチで先輩に頭をなぐられながら修業しているわけですから、自分たち、洋食のバイトだけ夏休みを取れて、それで良いのか？という気持ちがあったのかもしれません。


自分ならやらないとか、昔はどうだったかという話をしたいわけではありません。まず言えることは、当時の料理長が社員コックさん（もちろん我々見習い含め）に対して大きな統率力を持っていたということです。

多分、たった一人の社員からでも「ムッシュ、そんなことはやめましょう」という意見が出たら、我々バイトに話がおりてくる前にその計画はなかったことになっていたでしょう。料理長としては社員アルバイトを含め自分のアイデアが実行できると見極めていたのでしょうし、もし、露見した場合はご自分で責任をとる覚悟も落としどころもお持ちだったと思います。

形の上では下にあるとはいえ、和食の板長にはその話はしていないはずです。あくまで自分の統率力が一番強い、洋食キッチン内で極秘にこの作戦を進め、見事に成功しているわけです。繰り返しになりますが、僕が料理長ならやるのか、やらないのか、そんな話ではありません。何と大胆なことをされたのか……。

さて、この40年前の昔話が何か仕事の、料理作りのヒントになっているのか？ といえばそうではありません。料理、ルセットには何の影響もないでしょう。

ただ、料理人としての気構え、気概など、何かを残しているのではないでしょうか？

若き日の小澤征爾さんは、スバルのバイクでヨーロッパ中を走り回ったといいますしソムリエの田崎眞也さんはフランスの土地を歩いて回ったと言いますが、それでは、走り回ればヨーロッパの音、音楽が分かるかといえばそうではないでしょうし、歩いてみれば、その土地のワインが分かるものでもないでしょう。ただ、何かは残されてる。それを自分でどう理解していくのか？ それが大事なことでしょう。

たったの40年、それに日本のキッチンだけでも、今とはかなり違います。ハンバーグは素手でこねていましたし（今は薄手の手袋を使用します）、キッチンにはエアコンがなくて（今はほぼ必ず施工業者が付けてくれます）、板前さんの鼻のアタマからお刺身の上へ汗がポツリと落ちてました。

真空調理法なる欧米のマジックはウワサに聞くものの、我々見習いコックの一日の仕事終わりは食材やスープ、ソースなどの肉、野菜に新しくラップをかけることでした。衛生観念、福利厚生、料理の内容、人間関係も全て変化しているのは間違いないと思います。それでもやはり、仕事をするのは人間ですから、昔から変わらないもの、引き継がれてきたものもあると思うのです。当たり前ですが、仕事というのは毎日、一日一日、うたかたのように消えていくものでもあり、大昔から大きな川の流れのように変わらず流れ続けてきているようなものかもしれません。

自分は料理人ですから、やはりキッチン内で育てられました。

見習い時代、毎日毎日お説教を聞いているわけではありませんが、日本なら「おい、ナベ」、スイス、フランスなら「マサオ、マサオ!!」と呼ばれながら、料理長のちょっとした仕草や表情、仲間とのキッチン内（外）のちょっとしたやりとり、それを自分なりに解釈してきました。そうして自分という料理人が形作られ、味付けされてきたのでしょう。

フランス料理という仕事が自分を作った、育ててくれたと言えるかと思います。

仕事というものが、一人ひとりの「人生」であるとしたら、仕事のコツ、仕事のノウハウ、良い仕事というのは何のことでしょう。より良い人生ということでしょうか。人それぞれ考えや持ち味が違うように、明確にこれだ、このやり方だというものはないでしょう。仕事には、決断をする方も必要でしょうし、議論をまとめるのがうまい方、コツコツ黙って自分の仕事を全うする方もいるでしょう。あえて流れに逆らうタイプも必要かもしれません。それで良いのではないでしょうか。

万人に通用する仕事のコツや心構えはないでしょう。

それでも、あえて若い諸君に伝えたいこと、お願いしたいことがあるとすれば、それは、困難に向かってゆく勇気を持ってほしいということです。最初から無理と口にしたら、何もできないでしょう。

マックス・ヴェーバーの『職業としての政治』に次の一文があります。

政治とは、情熱と判断力の二つを駆使しながら、硬い板に力をこめてじわっじわっと穴をくり貫(ぬ)いていく作業である。もしこの世の中で不可能事を目指して粘り強くアタックしないようでは、およそ可能なことの達成も覚束ないというのは、まったく正しく、あらゆる歴史上の経験がこれを証明している。

中略

現実の世の中が、——自分の立場からみて——どんなに愚かであり卑俗であっても、断じて挫けない人間。どんな事態に直面しても「それにもかかわらず(デンノッホ)！」と言い切る自信のある人間。そういう人間だけが政治への「天職(ベルーフ)」を持つ。

『職業としての政治』（マックス・ヴェーバー著、脇圭平訳、岩波書店、1980年）より引用

政治家の方には、諳(そら)んじている方も多いと聞きますが、なに構いません、歌手なら歌、植木職人なら園芸、料理人なら職業としての料理と読み変えればいいのです。まず、「職業としての政治」ですから皆さんの親戚のなかに一人はいる政治に詳しいおじさんではなく、政治家、政治屋を指しているのでしょう。料理上手のおばさまも職業としての料理人ではありません。料理上手のおばさまの作る料理のほうが、プロの料理人の作る料理より美味しいことが多いように、政治好きなおじさんの語る政治のほうが魅力的なこともあるでしょう。でも、それでも挫けない。仕事とはそういうものでしょう。大切なのは不退転の決意、その心の持ち方ですよね。

では、不退転の決意とは何でしょう。それは、イチロー選手の言う、前日の自分より少しでも上手になるという自分に対する挑戦の気持ち。また、イチロー選手は少年の頃から夢を語る度に周りの大人から笑われてきたと言いますから、「たとえ、笑われても」と訳しても良いかと思います。若い見習いの板前君が、パリで自分の店を持ってミシュランの三ツ星を取りたいと板場で言い出したら、周りの先輩方は笑うことでしょう。でもそれはそれで良いのです。笑われる見習い君には可能性があっても、笑う先輩方には可能性はないのですから。人に笑われても目標に進む気概を持つことです。ただし、笑われるわけには、注意が必要です。大口を叩けば良いわけではありません。我々職人の世界には、昇進試験はありません。それはつまり試験日がないということで、毎日が試験ということです。日々の行い、仕事を、料理長、先輩、仲間が見ていますから「面白そうだな、やってみろ！」と仲間に言われるような信用を得る。そのために毎日コツコツと努力をする。これが肝心ではないでしょうか。

そしてもうひとつは優しさです。他人を思いやる心や仲間とうまくやること。会社、社会をより良くするために汗を流す気持ちは大事だと思います、自分勝手（と思われる）な仕事は、やがて人がついてこなくなるはずです。そしてベートーヴェンはこう言っていますよね。「業績ではない。精神なんだ」と。その通りと思います。良い成績、良い売り上げ、もちろんそれは大事です。でも、それも大事ですと考えてみたら良いでしょう。『星の王子さま』に、毎日決まった時間に灯りをともす、星の話が出てきますよね。上皇后美智子さまは『星の王子さま』のなかでこの灯火を灯す星の住人が一番好きだそうです。その理由は、その人だけが「人のために仕事をしている」からだそうです。

業績を上げて高いポストに就く。売り上げを上げて会社に貢献する。もちろんそれも大事です。ただ、誰も見ていなくとも、自分の心は見ているはずですから、逃げずに恥ずかしくない仕事ができれば、それはそれで良いのではないのでしょうか。

あとがき

フランス料理の未来をつくるのはあなた

これから料理界はどのように変わっていくのでしょうか。

特にフランス料理という大河は、少しずつ変化を受け入れても、そんなに変わるものではないと思います。フランス人の料理が世界の料理をリードしている現状も、そう変わることはないでしょう。

中世より多くのフランス人料理人が、イングランド、プロイセン、オーストリア、ロシア、北欧諸国の王宮で腕をふるってきました。20世紀の初頭、エスコフィエがパレスと呼ばれるデラックスホテルを中心に、ヨーロッパやアメリカなど世界中にフランス料理を広げ、エスコフィエ以降もボキューズ、ロブション、デュカスと、フランス料理を世界中に広げるグランシェフが続いていますから、まだまだ料理の世界では、フランス料理がひとつの大きな基準であることは、これからも変わらないと思います。

ノーベル賞の式典の料理がフランス料理ですし、この日本でも、国賓のお客様には、天皇陛下が御料牧場で育てられた仔羊を使った王道フレンチ、仔羊のローストを振る舞われます。アメリカのホワイトハウスの料理長も歴代フランス人が務めていました。

もっともビル・クリントン大統領の時代に大統領の奥様に首にされて、今はアメリカ人シェフに代わったそうですけど。

（本当かどうかは分かりませんが、僕のフランスでの同僚は皆、そのウワサを信じています。）


日本でも、変化はあります。

僕が東京のホテルで修業を始めた頃は、まだ東京のホテルにはフランス人の料理長が何人もいました。ホテルオークラでもフランス料理のレストランにはフランス人、中国料理のレストランでは中国人が、料理長を務めていました。本場の、その本国の料理人さんがいなくなるのは大きなマイナスでもありますが、日本の社会、料理界に消化された、飲み込まれたとも思います。僕はフランス料理を専門としていますから、フランス料理はよそ行きだとか堅苦しいとか、そういうイメージで捉えられるよりも、良い傾向だと思います。

当たり前ですが、フランス人は生まれた時からフランス料理を食べているわけですから、ことさら特別なものではありません。これからの料理人さんには、あまり肩肘張らずにフランス料理業界に入ってきてほしいと思います。

もちろんプロとしてやっていくためには、まさにお堅い、堅苦しい、儀式用のフランス料理も、国際的な共通言語として習得する必要はありますが、まずは配属されたポジションの仕事を早く覚えて、自分からチャレンジする気持ちを持つ、それが大事だと思います。

日本の国力ということを考えても、若い皆さんには頑張ってもらわなければ！　職人の世界、まして料理、特にフランス料理ならば、世界で戦う機会もあります。フランス料理の世界へ飛び込んでくる若い皆さんを、調理場で待っています。

シェフの見る夢

僕はフランス料理のシェフの一人。今も年に何回か、フランスで働いている夢を見ます。

夢の中では、多分フランス語だろうという言葉でシェフと料理を作ったり、昔の仲間に囲まれて、「あれ！　いつの間に帰ってきたのかな？」と思ったりします。もちろん夢の中ですから　話のつじつまが合っているわけではありませんし、じゃあまたね！　と言って日本に帰ってきて目が覚めることもありません。とまあ、これは余談で、寝ている時に見る夢の話です。

夢。夢のような、夢中で、ともいいます、夢のような職場、夢のような調理場。夢とはいくつになっても追いつかず、そして追い求めていく、理想の境地（かたち）なのかもしれません。フランスで働いている時、お帰りのお客様がシェフに挨拶をします。

「やあ　美味しかったよシェフ」

それに対してのシェフの返事は、満面の笑みで、こうです。

「grand plaisir à Moi」

「私にとっての大きな喜びです」

そう、それで良いのかな。

フランス料理という大きな大きな河の流れの中の、日本という支流の小さな小さなひとしずくではありますが「美味しかったよシェフ」とお客様に喜んでいただける毎日を送ることができれば、僕はそれでいいのかなと思っています。そしてそのためにより良い仕事をする、それこそ「シェフの見る夢」なのではないでしょうか。

（注1）コッコヴァンと仔羊の首のナヴァラン

日本では、ブルゴーニュ風の鶏の赤ワイン煮には若鶏を使用しますが、本場ブルゴーニュでは老いた雄鶏を使います。4、5キロもある個体ですから、若鶏とは全く違う食感で、見た目も、赤ワインで煮込んであるので真っ黒です。また、仔羊の首肉を輪切りにして煮込んだものをよく賄いでも作っていましたが、確か日本では、ペットフードの材料となっていて肉屋さんにはありません。フランス料理を好きな方は、本場フランスに行かれた際には、日本では食べることのできない本当のフランス料理を味わっていただきたいです。

（注2）ソールムニエル

ソールとは、舌平目（シタビラメ）のこと。ソールムニエルは、舌平目に小麦粉をまぶしてバターで焼いたフランスの伝統料理です。フランスのソールは日本のものよりもっと大きく、ボキューズさんは「ドーバーソールは1キロ以上からが美味しい」と述べていました。フランスにはソールや虹鱒のムニエル用に楕円形のフライパンまであり、その大きさのソールがよく市場に出回っています。また、ヨーロッパで魚料理をメインとするのは金曜日と決まっています。インターコンチネンタル・ジュネーヴでもジョルジュ・ブランの賄いでも、魚料理が出るのは週に一日、金曜日のみです。

（注3）ブレスとフェルミエ

フランスには地方ごとにフェルミエ（地鶏）が生産されていますが、そのトップブランドが、古くから有名なブレス地方の鶏です。フランスの鶏には珍しく白い体毛に赤い鶏冠、青い足首でフランスの国旗（三色旗）を表していますので、よくフランスのグランシェフは国旗の代わりにこのブレスの鶏と共に料理本に登場します。ちなみに鶏卵は体毛と同じですからフランスの鶏卵は茶色です。フランス人は生卵を食べませんが、白いブレスの鶏卵が手に入ると、この時ばかりはとビュッフェ棚からコクティエ（茹で卵立て）を取り出して、3分ボイルした柔らかい茹で卵を楽しみます。

（注4）セテュール
本文では7時間と書きましたが、「柔らか煮」という意味を持つ、フランス料理の世界の隠語です。「アニョー（仔羊）ド、セテュール」「カナール（鴨）ド、セテュール」のように使い、仔羊の場合はまるごと、または足1本を骨付きで煮て、サービススタッフがお客様の前でスプーンで取り分けるのが一般的です。

（注5）賄い
ジョルジュ・ブランでは、キッチン、ホール、パティシエ、総勢30～40名前後の賄いを、昼食前と夕食前に用意します。そのとき、作業台の脚を半分に折ってテーブルにします。キッチンスタッフは調理場で、ホールスタッフは食堂の隅で。そしてブラン一族と、ムッシュブランの鼻と呼ばれ、給仕長とソムリエ長を兼任する世界最高ソムリエの一人、支配人のマルセルが個室で食事を取ります。面白いのは、修行中の跡取り息子も、キッチンではなくこちらの小部屋で家族と食事を取ることです。日本だと、料亭でも相撲部屋でも、部活動でさえも、修行中は親子の縁を切る（？）ような風習があるので、少し不思議な感じがします。

（注6）Mauger Blue（モージェブルー）
外国人向けのフランス語の教科書の古典と呼ばれ、語学だけではなく、風土や地理、生活習慣なども学べます。フランス料理を生業にされる方にはぜひ手に取ってもらいたいものです。

著者紹介

渡邉昌雄（わたなべ まさお）

1962（昭和37）年、福岡県に生まれる。

1980年、千代田区三番町、ホテル霞友会館にて料理人の道に進む。

象牙海岸共和国日本大使公邸、ホテルインターコンチネンタル・ジュネーヴ、ジョルジュ・ブランなどを経て、パリの日本大使館、公邸のフランス料理のシェフを務める。2000年に帰国。

㈱ニュートン、㈱際コーポレーション等、都内レストランのシェフを歴任。

現在、ビストロ石川亭コレド室町店料理長。

幻冬舎ルネッサンス新書 267

シェフの見る夢（みるゆめ）

2024年8月9日　第1刷発行

著　者　　渡邉昌雄
発行人　　久保田貴幸

発行元　　株式会社 幻冬舎メディアコンサルティング
〒151-0051　東京都渋谷区千駄ヶ谷4-9-7
電話　03-5411-6440（編集）

発売元　　株式会社 幻冬舎
〒151-0051　東京都渋谷区千駄ヶ谷4-9-7
電話　03-5411-6222（営業）

ブックデザイン　田島照久
印刷・製本　中央精版印刷株式会社

検印廃止

ISBN978-4-344-69055-4 C0295
幻冬舎メディアコンサルティングＨＰ
https://www.gentosha-mc.com/